Goethe als Gastgeber. War er großzügig, gesprächig, würdevoll, gut gelaunt? Wie wirkte sein Äußeres auf die Besucher, seine Kleidung, seine Manieren? Welchen Eindruck machte die häusliche Umgebung, woran arbeitete er gerade?

In Briefen, Tagebüchern und Gesprächen entwerfen die Besucher ein facettenreiches Kaleidoskop von Eindrücken und Erinnerungen, Lobhudeleien und Verehrungen, aber auch Enttäuschungen. Eine schillernde Reihe ausgewählter Besucher erwartet den Leser. Die Gäste, die kamen, dem Olympier in Weimar ihre Aufwartung zu machen: Karl Philipp Moritz, Johann Friedrich Abegg, Madame de Staël, Bettine Brentano, Sulpiz Boisserée, Charlotte Kestner, Carl Gustav Carus, Johann Peter Eckermann, Heinrich Heine, Franz Grillparzer, Felix Mendelssohn Bartholdy, Frédéric Soret.

Von Werner Völker im Insel Verlag: *Der Sohn: August von Goethe. Eine Biographie.* Mit zahlreichen Abbildungen. Leinen. »Völker beschreibt dieses Vater-Sohn-Drama mit Anteilnahme, oft so, als stehe er daneben. Man liest es fasziniert fast in einem durch, voller Mitgefühl und Trauer ob dieses so ungelebten Lebens.« *Neue Ruhr Zeitung*

»Es ist ein wichtiges, ein lehrreiches, ein faszinierendes Buch, das Werner Völker geschrieben hat ... Und es handelt sich um die erste Biographie des Goethe-Sohnes August, was eine große Lücke füllt.« *Die Welt*

insel taschenbuch 1725
Bei Goethe zu Gast

Goethes Haus am Frauenplan

BEI GOETHE ZU GAST

Besucher in Weimar
Herausgegeben von Werner Völker
Insel Verlag

insel taschenbuch 1725
Erste Auflage 1996
© Insel Verlag Frankfurt am Main und Leipzig 1996
Alle Rechte vorbehalten
Text- und Bildnachweise am Schluß des Bandes
Vertrieb durch den Suhrkamp Taschenbuch Verlag
Umschlag nach Entwürfen von Willy Fleckhaus
Satz: Libro, Kriftel
Druck: Nomos Verlagsgesellschaft, Baden-Baden
Printed in Germany

1 2 3 4 5 6 − 01 00 99 98 97 96

INHALT

Kritisieren wir diese großen Männer nicht! Wenn ein Zug fehlte an dem, was sie getan, so würde sogleich alles zerstört sein, was wir am meisten an ihnen bewundern.

Zimmermann an Charlotte von Stein, Hannover, 29. Dezember 1775; vom Herausgeber mit kaum merklichem Augenzwinkern dieser Ausgabe als unverbindliches Motto und umwandelbare Verpflichtung vorangestellt.

GOETHES GÄSTE

❧ Goethe als Gastgeber. Die Verse (Prolog), die er 1828 unter einen Stich seines Hauses am Frauenplan schreibt, sind nicht allzu wörtlich zu nehmen. Goethe sucht sich seine Gäste aus. Viele kommen aber auch, eingeladen oder nicht eingeladen, sind auf der Durchreise oder extra angereist – ›zu Fusse und in verwitterten Kleidern‹ (H. Heine), wollen den berühmtesten Dichter im ›Mekka‹ der deutschen Literatur sehen, hoffen, von ihm empfangen zu werden.

Sie kommen oft mit allerlei Erwartungen und Wünschen beladen, Verehrer und auch Opportunisten; schon Zeitgenossen nennen diese Besuche bei Goethe gelegentlich ›Wallfahrten‹, denen Goethe sich auch manchmal entzieht.

Die Gäste und der Gastgeber. Goethe im Spiegel seiner Zeitgenossen; denn natürlich reden sie über den Besuch, schreiben Briefe, (die nicht immer für die Öffentlichkeit bestimmt sind), vertrauen sich ihrem Tagebuch an.

Was also sagen die Besucher über den hohen Gastgeber, den Dichter und Minister, seine Familie, den Weimarer Hof, über die Personen in Goethes Umkreis? Gibt es außer Schmeichelhaftem manchmal auch Abträgliches zu berichten, das sozusagen hinter vorgehaltener Hand weitergereicht wird?

Was gab es zu essen und zu trinken, welche Gespräche wurden geführt, wie wirkte Goethe auf seine Gäste?

Goethe der Gastgeber. War er großzügig, gesprächig, würdevoll, gut gelaunt? Wie wirkt sein Äußeres auf die Besucher, seine Kleidung, seine Manieren? Woran arbeitet er gerade?

In Briefen, Tagebüchern und Gesprächen hinterlassen die Besucher ein facettenreiches Kaleidoskop von Meinungen und Erinnerungen, Lobhudeleien und Verehrungen – aber auch Enttäuschungen. Sie charakterisieren sich auch selbst, die

Gäste, mit ihren Hoffnungen, Erwartungen, mit ihren Eitelkeiten, reagieren empfindlich, wenn sie vom berühmten Goethe nicht angemessen gewürdigt werden.

Eine schillernde Reihe von Besuchern erwartet den Leser, herausgegriffen aus unzähligen Gästen, die kamen, dem Olympier in Weimar ihre Aufwartung zu machen, ihn zu sehen, ihn zu sprechen, sich mit ihm zu schmücken – unter ihnen *Karl Philipp Moritz* (1788), der zu Unrecht vergessene (zur Zeit gerade heftig neu entdeckte) Schriftsteller und Pädagoge, den Goethe als einen jüngeren Bruder ansieht, leider »nur da vom Schicksal verwahrlost und beschädigt, wo ich begünstigt und vorgezogen bin«.

Dann *Johann Friedrich Abegg* (1798), Theologe und später Rektor der Universität Heidelberg, ein frommer Mensch, »aller Unnatur und Unwahrheit Feind«. Er nennt Goethe einen der »schönsten Männer, die ich je gesehen habe«, konstatiert aber auch (im Gespräch mit Jean Paul) – ›eine kalte Erhabenheit‹ des Dichters. Im Jahre 1803 kommt die schon berühmte *Madame de Staël*, von Napoleon des Landes verwiesen, sie bleibt fast ein Vierteljahr, sammelt Material für ihr Buch ›Über Deutschland‹. Goethes Verhalten ihr gegenüber ist ambivalent, einerseits ist er von ihrer ›geistreichen Weiblichkeit‹ angezogen, andererseits meint er, daß sie keinen Begriff von Pflicht habe; auch Schiller ist zunächst skeptisch, beide Dichter aber sind fasziniert von ihrer Volubilität, ihrer Zungenfertigkeit, von ihrem sprühenden Intellekt, den sie bewundern, aber auch fürchten, zumal er sich wie ein wortreicher Wasserfall in der Fremdsprache über sie ergießt.

Die nächste Dame im Reigen der Besucher ist *Bettine Brentano,* die spätere Frau von Arnim. Goethe empfängt sie (1807) nach ihren eigenen Worten – »wie eine lang verheißene Freude, die nun endlich erscheint«. Ihre musenhaft-erotische Beziehung, die sie zu Goethe aufbaut, ist nicht immer konfliktfrei;

sie gerät einmal besonders heftig mit der eifersüchtigen Christiane von Goethe aneinander, nennt diese eine »wahnsinnige Blutwurst«, während Frau Geheimrätin von Goethe auf Bettines Brille herumstampft.

Kunstsammler *Sulpiz Boisserée,* der zusammen mit Bruder Melchior und Freund Bertram eine einzigartige Kunstsammlung zusammentrug, ist (1811) der nächste Gast. Auch Boisserée empfindet den Dichter zunächst als ›steif und kalt‹, und Carl August, der Herzog von Weimar, benimmt sich ›stallmeistermäßig‹ und zeigt wenig Kunstverstand; Goethe, in Hofuniform, hilft ihm aber persönlich, daß seine Kunstpräsentation am Weimarer Hof ein Erfolg wird. Nebenbei versteht er es, Goethe für die Vollendung des Kölner Doms zu interessieren, der Dichter fühlt sich an seine eigene ›Abgötterei mit dem Straßburger Münster‹ erinnert.

Charlotte Kestner, Vorbild für Werthers Lotte, die ihn im Jahre 1816 besucht, hatte ihn seit der Wetzlarer Zeit (1772) nicht mehr gesehen; vierundvierzig Jahre später ist sie von Goethe nicht gerade begeistert, allerdings, was sie selbst angeht, so ein sarkastischer Zwischenruf der Charlotte von Stein, »würde sich (auch) kein Werther mehr um sie erschießen«.

Carl Gustav Carus, Arzt und Physiologe, aber auch Schriftsteller und Landschaftsmaler, ist noch nach Jahrzehnten beeindruckt von der schönen »Gestalt des werten Mannes«; er entwirft später ein (gemaltes) Goethedenkmal mit Sarkophag, Nebelsilberduft und betenden Engeln. Carus beschreibt den Dichter eingehend, sieht das »Feuer des hochbegabten Sehers« mit »fast dämonischer Gewalt« aus Goethes Augen leuchten. Als er Weimar verläßt, ist er »in aller Hinsicht erfreut und erwärmt«.

Ein Gast besonderer Art erscheint im Jahr 1823 in Weimar: *Johann Peter Eckermann* aus Winsen an der Luhe, Schüler, Verehrer, Mitarbeiter und Freund. Der richtige Mann zur richtigen

Zeit, Goethes wichtigster Mitarbeiter im letzten Lebensabschnitt. Goethe, das mag mancher nicht gern hören, bezahlt ihn schlecht, überhäuft ihn aber mit Arbeit. Eckermann widmet sein Leben Goethe; sein Buch mit den ›Gesprächen‹ ist seine wichtigste Hinterlassenschaft, immer noch großartige Quelle und Fundgrube.

Dichter *Heinrich Heine* kommt 1824 (von seiner Harzreise) zu Fuß nach Weimar gepilgert. Er tut sich schwer mit dem ›Übervater‹ Goethe, dem er seine Gedichte geschickt hatte, mit der enthusiastischen Anbiederung ›Ich liebe Sie!‹ versehen. Goethe hatte das etwas kühl aufgenommen. Heine, nach eigenem Bekunden »von Haus aus ein Schwärmer«, versichert aber, daß er, trotz mancher Gegensätze, immer zum »göthischen Freykorps« gehören werde.

Franz Grillparzer, der österreichische Beamte und Dichter, ist bei seinem Besuch (1826) zunächst enttäuscht von Goethe, später rührt ihn allerdings schon der Anblick des Olympiers zu Tränen. Aber der Weimarer Dichterfürst, in steifer Haltung, mit einem Ordensstern auf der Brust, kommt ihm zuerst beinahe wie ein ›Audienz gebender Monarch‹ vor. Die Rückreise des mimosenhaften Grillparzer endet beinahe mit einer Katastrophe.

Das von Goethe-Freund Zelter ausgebildete Wunderkind *Felix Mendelssohn Bartholdy* besucht Goethe 1830 zum letzten Mal. Der Komponist entwickelt ein besonders herzliches Verhältnis zu Goethe. Sechzig Jahre Altersunterschied liegen zwischen ihnen, doch beide profitieren voneinander. Goethe vergleicht Mendelssohn mit Mozart, den er selbst vor langer Zeit als siebenjährigen Knaben in Frankfurt gehört und gesehen hatte.

Den Besucherreigen beschließt *Frédéric Soret,* Naturwissenschaftler, Pädagoge und Numismatiker, seit 1822 als Prinzenerzieher in Weimar und häufig bei Goethe zu Gast; im

Todesjahr Goethes sprechen sie zufällig auch über einen Sonnenuntergang beim Betrachten einer schönen Landschaft; groß und majestätisch sei sie, meint Goethe prophetisch, auch wenn sie untergehe.

Werner Völker

PROLOG

Warum stehen sie davor?
Ist nicht Thüre da und Thor?
Kämen sie getrost herein,
Würden wohl empfangen sein.
Johann Wolfgang Goethe

1788/1789
KARL PHILIPP MORITZ

Moritz ist eben hier auf seiner Rückreise
von Italien; er wohnt bei Goethe. Letzte-
rer hat ihm seinen Stempel mächtig auf-
gedrückt; sie kamen einander in Rom
sehr nahe, und Moritz ist über Goethes
Humanität panegyrisch entzückt.

Schiller an Körner, 12. Dezember 1788

ॐ Karl Philipp Moritz, in Hameln geboren, hatte nach einer Hutmacherlehre vergeblich versucht, Schauspieler zu werden. Er studierte in Erfurt Theologie (von den ›Herrnhutern‹ unterstützt), wurde Lehrer in Dessau und später Konrektor eines Gymnasiums in Berlin. Schließlich wird er (1789) Professor der Theorie der schönen Künste, Königlich Preußischer Hofrat und sogar Mitglied der Berliner Akademie der Wissenschaften, unzufrieden blieb er aber wohl sein kurzes Leben lang.

Er befreundete sich 1786 mit Goethe in Italien (bei einem Reitunfall brach er sich den Arm und wurde von Goethe gepflegt) und besuchte ihn auf der Rückreise in Weimar.

Lange Zeit vergessen, wird der Schriftsteller Moritz gerade neu entdeckt, besonders auch sein psychologisch-pädagogischer Roman »Anton Reiser«, der dem Pietismus verpflichtet ist, autobiographische Züge trägt und die innere Zerrissenheit des Protagonisten zeigt. Selbstverwirklichung unter erschwerten Bedingungen, könnte man heute sagen; oft wurde der Roman mit Goethes ›Wilhelm Meister‹ verglichen.

Goethe selbst sagt über Moritz: »Er ist wie ein jüngerer Bruder von mir, von derselben Art, nur da vom Schicksal verwahrlost und beschädigt, wo ich begünstigt und vorgezogen bin.«[1]

An A. Macco

Weimar d. 6ten Decbr. 1788.
Seit gestern bin ich nun hier, mein lieber angenehmer Makkow! in *Göthens Hause*, wo ich mich, wie Sie leicht schließen können, sehr wohl befinde. Gleich gestern Abend über Tisch fragte Göthe ausdrücklich: was macht Makkow? und freute sich sehr, als ich ihm Ihre glücklichen Umstände erzählte.

[. . .]

In Berlin hoffe ich nun schon einen Brif von Ihnen vorzufinden,

Nach italienischem Vorbild: Das Treppenhaus

und das gewiß! Ich bin von Roveredo in Tyrol an, bis hieher in beständigem Frost und Schnee gereißt, und habe mich wider Vermuthen sehr wohl dabei befunden. Oft, sehr oft hab' ich an Sie gedacht, Sie gesehn und mit Ihnen gesprochen. Lassen Sie mich nun bald erfahren, daß ich nicht aus Ihrem Gedächtniß bin.   Der Ihrige
                                                        Moritz.[2]

❧ Moritz wurde in Weimar sehr herzlich aufgenommen. Bei einer Tanzveranstaltung umringten ihn plötzlich eine Anzahl maskierter Damen und überreichten ihm ein Gedicht, das (vermutlich von Goethe) zu dieser Gelegenheit geschrieben worden war:

> Es grüßen Dich, o feiner Geist,
> Dich vieler Sprachen Meister,
> Der Du selbst wohl zu sprechen weißt,
> Die wunderbarsten Geister.
>
> Sie ziehn in weiblicher Gestalt,
> In Masken und in Schleiern,
> Mit stillverborgener Gewalt,
> Nach manchen Abenteuern.
>
> Sie sprechen immer, immer zu,
> Und scheinen wahrzusagen,
> Doch machen sie ein x für u,
> Die Leute baß zu plagen!
>
> Dies ist ihr einziger Gewinn;
> Allein sie sind in Sorgen:
> Es bleibe der verborgne Sinn
> Dir, Forscher, nicht verborgen.

Drum wirst Du hier mit Zauberkraft
Geworben und gebeten,
Mit Deiner ganzen Wissenschaft
In unsre Zunft zu treten.

Und dann an einem stillen Ort
Sollst du Dein Wunder hören,
Da wollen wir Dich manches Wort
Der schönsten Sprache lehren.[3]

ﻸ Nach mehreren Wochen Aufenthalt in Weimar reist er
(sogar zusammen mit dem Herzog) nach Berlin zurück. Dort
wird er Professor und ›Kgl. Preußischer Hofrath‹; seine wirt-
schaftlichen Verhältnisse sind zuletzt nicht schlecht. Am
26. Juni 1793 stirbt er in Berlin an einem Lungenleiden.

1798
JOHANN FRIEDRICH ABEGG

Und ein gerechter Vorwurf drang in mein
Herz, daß ich meine bisherigen Tage
nicht so ernstlich und anhaltend auf einen
bestimmten Gegenstand gerichtet habe,
um darüber auch als Schriftsteller aufzu-
treten, da ich doch in allen Unterhaltun-
gen mit den ersten Männern Deutsch-
lands habe fühlen müssen, daß ich gegen
sie nicht verschwinde und versinke.

Johann Friedrich Abegg, 1798

܌ Abegg, Gymnasialdirektor und Universitätsdozent, erhielt 1798 eine Einladung seines Bruders, ihn in Königsberg zu besuchen. Sein Tagebuch[1] umfaßt die knapp vier Monate seiner Reise, die ihn auch durch Weimar führt.

Johann Friedrich Abegg, später Pfarrer, Professor der Theologie und auch ein Jahr lang (1828) Rektor der Universität Heidelberg, wird als »eine Johanneische Natur« geschildert, »wahrhaft fromm, aller Unnatur und Unwahrheit Feind, in dessen Gegenwart niemand etwas Unlauteres gewagt hätte«.[2]

Bei seinem ersten Besuch in Weimar hat er kein Glück; bei Herder nicht vorgelassen, traut er sich auch wohl nicht so recht, bei Goethe und anderen anzufragen. So fuhr er denn wieder »aus Weimar, just wie einer, der aus Rom fährt, ohne, wie man sagt, den Papst gesehen zu haben«.[3]

Er kommt aber schon kurz darauf zurück, versehen mit einer Empfehlung von Fichte und einem Buch, das er Goethe überreichen soll.

Dieses Mal hat er mehr Glück; überhaupt wächst sein Selbstbewußtsein während dieser Reise; im Gespräch mit Jean Paul äußert er später freimütig einen Vergleich: »Als Kunststück ist ein Werk Göthe's Ihren Werken vorzuziehen; als menschliches, ganz menschliches Produkt sind Ihre Werke die vorzüglichsten, die einzigen.«[4] Fichte gibt ihm noch den Rat mit auf den Weg, Buch und Brief nicht zusammen abzugeben, damit er auch ganz sicher vorgelassen werde. Bestens versorgt fährt Abegg also wieder von Jena nach Weimar zurück. Schon um fünf Uhr in der Frühe ist er aufgestanden, in freudiger Erwartung des Besuches bei Goethe.

»Ich fuhr mit unendlicher Freude hierher nach Weimar, weil ich nun hoffen konnte, den Mann des Himmels und der Erde persönlich kennen zu lernen. Ich wurde gleich vorgelassen, und nach einem sehr wohlwollenden Empfang führte er mich in einen Cirkel, der täglich des Morgens bei ihm sich versammelte. Er fragte mich, ob ich Fichte schon lange kenne, lobte den Fichte, doch, deuchte mir, wie der Vornehmere lobt. Erkundigte sich nach der Absicht meiner Reise, wünschte mir Glück, daß ich durch meinen Bruder eine so interessante Reise machen könnte. Dann fragte er mich, welche Männer ich in Jena kennen gelernt habe. Ich nannte sie ihm. »Den Justiz-Rath Hufeland und D. Paulus«, sagte er, »will ich Sie nachher kennen lehren.« Bald darauf präsentierte er mich dem Justiz-R. Hufeland, einem Manne, der auf den ersten Blick die feinste Kultur, Gewandtheit und Welt verräth. Er scheint aus der Gegend von Danzig zu seyn. In Danzig ist er sehr genau bekannt, machte mich aufmerksam auf die prachtvolle Gegend umher, wo man die Sonne majestätisch aufgehen und untergehen sehen könne; das Kloster Oliva und noch ein Wäldchen in der Nähe von Danzig.

Nun kam auch Paulus, auch mit diesem machte mich Göthe alsogleich bekannt. Ein schwächlicher Mann mit einem schönen großen braunen Auge. Mit diesem unterhielt ich mich sehr lange, ging auch mit ihm im Garten spazieren und trug ihm tapfer das nehmliche vor, was ich mit Löffler gesprochen. Auch er interessierte sich aufs Lebhafteste dafür und gab den Rath, die Sache publik zu machen, und nöthigenfalls wolle er der Herausgeber seyn und noch hinzufügen, was man nicht wage, selbst zu sagen. Ich möchte mich nur schriftlich an ihn wenden, wenn irgend etwas durch ihn geschehen sollte. Sodann redete er auch mit mir, daß er nun nach und nach einige Lehrbücher herausgeben werde und endlich auch ein Neues Testament nach Art des *Koppe'schen*, jedoch deutsch und mit mehr Hinsicht auf Philologie. – Er machte mich aufmerksam auf alles, was in Göthe's Haus um mich her war. Das Locale von unten herauf bis in den größeren Assembleensaal ist äußerst geschmackvoll. In dem Zimmer linker Hand sind prachtvolle Gemählde, unter anderem eins, das eine römische Hochzeit vorstellt und zu Rom gefunden worden ist. Auf der vorderen Seite ist ein kleineres Zimmer, wo ein Fortepiano stand, und aus diesem kommt man in einen niedlichen Garten, und aus dessen Thüre tritt man in den Park.

Göthe ist einer der schönsten Männer, die ich je gesehen habe. Fast einen halben Kopf größer als ich, sehr gut gewachsen, angenehm dick, und sein Auge ist in der Wirklichkeit nicht so grell als in dem Kupferstich. Ruhe, Selbständigkeit und eine gewisse vornehme Behaglichkeit wird durch sein ganzes Betragen ausgedrückt. Mit keinem von der Gesellschaft unterhielt er sich besonders lange. Er ging aus einem Zimmer ins andere, und machte bald diesem, bald jenem ein freundlich Gesicht. Gegen 11 Uhr kam Iffland auch, der erstaunlich viel dicker geworden ist. Diesen nahm er bei der Hand und führte ihn einige Male auf und ab. Um Iffland stellte sich Justizrath Hufeland und noch ein unbekannter, der ziemlich genienmäßig aussah und sehr laut that. Ich stellte mich auch dazu. Iffland sprach sehr interessant von sich und seinem Spiel. Er scheint mit Berlin nicht sonderlich zufrieden, überhaupt etwas verstimmt zu seyn. »Vor zwei Jahren«, sagte er, »meinte der Herr Gotter, ich finde Sie noch so unbefangen und natürlich wie vor 17 Jahren. Das ist nun nicht mehr so. Man darf nicht mehr närrisch seyn. Sonst, wenn man irgend etwas, das keinen Menschen störte, thun wollte, zur Lust, so hatte niemand etwas dagegen. Und an der Kunst selbst, sprach er, die findet auch nicht mehr das Interesse, wie sonst. Ja, wenn man eine Abhandlung über die Kant'sche Philosophie vom Theater vortrüge, so würde die größte, feierlichste Stille herrschen.« Er versicherte, daß er nur dann mit Glück spielen könne, wenn er für die Wahrheit des Gegenstandes sich interessire. Niemalen könne er z. B. den Pygmalion spielen, wenn er nicht gewohnt wäre, Statuen nicht als todt, sondern als lebendig zu betrachten. Aber

Kassandra-Statue von C. F. Tieck

eben daher, weil alles Ausdruck der gefühlten Wahrheit seyn müße, könne er nicht begreifen, wie man solche Rollen erst im Spiegel probiere. Hufeland fand das wunderbar, ich fand es nicht, und Iffland erklärte es noch zum Überfluß. Die Darstellung im Spiegel und wir selbst waren dann zweierlei, und man denkt bei der wirklichen Vorstellung an das Ding im Spiegel und den darzustellenden Gegenstand.

Auch kamen Hofräthin Schiller; Schiller habe, sagte sie, den Katarrh, und könne nicht ausgehen. Sie scheint eine sehr artige, gebildete Frau zu seyn. Göthe sprach sehr vertraut mit ihr. »Ihr führt mir aber eine wunderliche Haushaltung«, sagte er, und noch mehr in diesem Tone, das ich nicht verstehen konnte. – Jedem Ankommenden wurde Schokolade angeboten, und gegen 11½ Uhr wurde die ganze Gesellschaft in ein prachtvoll verziertes Zimmer geführt, um hier etwas zu genießen. Es standen mit Kunst rangiert allerlei Speisen, Krebse, Zunge etc. und dazu wurde feinster Wein präsentiert. Mich zogen die Gemählde mehr als alles an. Einige, besonders von Angelika Kauffmann, unter anderem die Scene aus der Iphigenie, wo Orest in hellem Wahnsinn die kommende Schwester und Frau begrüßt. »Seyd Ihr auch schon herabgekommen?« –

Nun sammelte man sich wieder in den übrigen Zimmern, und einer um den anderen ging stille fort. Ich ging nun zu Göthe, dankte ihm mit kurzen Worten, denn was sollte ich sagen, und was konnte ich sagen, und er entließ mich mit vielem Wohlwollen. D. Paulus sagte mir, daß er mich im Schauspiel vielleicht noch sprechen würde, und so ging ich nach haus, nachdem ich von 10½ bis 12¾ Uhr einige der fröhlichsten und für mich ewig denkwürdigen Stunden zugebracht hatte, und pries mein Geschick und Fichte, die mir es verschafft hatten. – Noch muß ich bemerken, daß auch in einem Zimmer, wo das Fortepiano stand, gesungen und gespielt wurde. Seinen Knaben, der etwa 10 Jahre alt seyn mag, sah ich auch. Er gleicht ihm in äußerer Bildung in der That sehr viel. Mit der Schwester des Schauspieldichters Vulpius hat er ihn erzeugt, die auch noch um ihn ist. –

Es war die Rede von Vorfällen beim Weimarer Theater, an welchem viele lebhaften Antheil nahmen, aber Göthe schien es alles gleichgültig anzuhören. Überhaupt behauptet er Nüchternheit und Erhabenheit, die nur dem vollendetsten Hofmanne möglich sind. Dieser scheint er aber neben seinen anderen unerreichbaren Vorzügen auch zu seyn. –«[5]

🐾 Diese »unerreichbaren Vorzüge« Goethes werden jedoch später im Gespräch relativiert. Er sei »so vornehm«, äußert er kurz darauf zu Jean Paul, »eine kalte Erhabenheit stoße zurück«. Doch Jean Paul entgegnet: »Das ist ihm nicht natürlich, er thut es, um sich in der Höhe zu halten.«

Dann sprechen sie über das Griechentum, die »Griechheit«, und Abegg meint, daß das, was er unter »Griechheit« verstehe, in Goethes Schriften »am vollkommensten« sei. Jean Paul stimmt dem zu und fährt fort:

»Göthe kann aber jetzt nichts anderes mehr seyn! Maß zu halten in allem, damit die Schönheit nicht leide, dies ist und war Griechheit. Aber darum sind sie nicht das Höchste. Ich bin gewiß, daß die Griechen manche Arbeit von Göthe mit Entzücken lesen würden, und von Shakespeare: wir sind in vielem weiter denn sie.«[6]

1803 / 1804
MADAME DE STAËL

Ich habe meine Meinung über Deutschland
sehr geändert, seit ich in Weimar bin.

Madame de Staël, ›Über Deutschland‹

❧ Anne Louise Germaine Necker, vom Vater, dem späteren Finanzminister Ludwigs XVI., zärtlich ›Minette‹ genannt, wurde am 22. April 1766 in Paris geboren.

Die Mutter, Suzanne Necker, geborene Curchod, Tochter eines Pfarrers von Crassier im Waadtland, versucht ihre Tochter schon als Kleinkind zu dressieren, während der Vater ihr von Anfang an in fast abgöttischer Liebe zugetan ist, einer Liebe, die von Minette durchaus erwidert wird. Ihre Liebe zu ihrem Vater nennt sie später selbst einen ›Kult‹; doch diese Liebe, seine Heiterkeit und Zuneigung mußte sie allerdings lange Zeit entbehren, als der Ausländer[1] Jacques Necker 1777 von Ludwig XVI. zum Finanzminister berufen wurde. In dieser Zeit war Minette voll und ganz den Dressuren der Mutter ausgesetzt. »Das völlig im Umkreis Erwachsener lebende Mädchen«, schreibt die Biographin Carmen Kahn-Wallerstein, »das weder spielt noch sich in frischer Luft bewegt, ist für seine Jahre klein und sieht armselig aus. Eine geistig überfütterte, in allen ihren Jahren angemessenen Neigungen gehemmte und unterdrückte Stubengelehrte en miniature erweist sich als Resultat der Erziehungskünste Suzannes.«[2]

Nach seinem Rücktritt als Finanzminister kaufte der Vater 1784 das Schloß Coppet am Genfer See und erwarb gleichzeitig die damit verbundene Baronie.

Germaine (oder Minette) ist inzwischen 18 Jahre alt; die Eltern schauen sich nach einem geeigneten Ehemann für sie um. Nach einigen anderen Bewerbern fällt die Wahl auf Baron Eric Magnus de Staël-Holstein, den schwedischen Botschafter in Paris. Um den Eltern zu genügen, mag Germaine in diese Verbindung eingewilligt haben, ihr Tagebuch verrät jedoch ihre wirklichen Gefühle: »Herr von Staël ist die einzige Partie, die mir entspricht, er ist verpflichtet, mich unglücklich zu machen und ich bin es ebenfalls, weil ich nicht beabsichtige, zu seinem Glück beizutragen.«[3]

Die Eheschließung, die sogenannte Einsegnung, am 14. Januar 1786 nimmt übrigens Pastor Gambs vor, ein Elsässer, der mit Goethe in Straßburg studiert hatte. Das französische Königspaar unterzeichnet den Ehekontrakt.

Bei der Vorstellung bei Hofe unterläuft der frischgetrauten Baronin Germaine de Staël-Holstein die vielzitierte ›Ungeheuerlichkeit‹: Ihr Rocksaum hatte sich gelöst, und sie war so verdattert und verlegen, daß sie den Hofknicks vor Marie Antoinette versäumte! ›Gnädig‹ sah die Königin darüber hinweg, aber die Hofdamen hatten etwas zu klatschen: »Jeder fand sie häßlich, linkisch und vor allem unecht. Sie wußte nichts mit sich anzufangen und fühlte sich inmitten der Eleganz von Versailles sichtlich fehl am Platz. Herr von Staël hingegen sah sehr gut aus wie ein Mann der besten Gesellschaft.«[4]

Ihre mangelnde Schönheit wird ihr immer wieder vorgeworfen, so als habe sie ein persönliches Verschulden daran; ihr späterer Lebensgefährte Benjamin Constant hat sie (literarisch verkleidet) so geschildert: ». . . von eher kleiner als großer Gestalt, zu kräftig, um schlank zu wirken; unregelmäßige, sehr ausgeprägte Züge, ein wenig ansprechender Teint, die schönsten Augen der Welt, sehr schöne Arme etwas zu große, aber blendend weiße Hände, ein üppiger Busen, zu heftige Gesten und ein sehr männliches Gebaren, eine überaus sanfte Stimme, die in Erregungsmomenten auf unbeschreiblich ergreifende Weise brach . . .«[5]

Vater Necker schenkt dem Paar de Staël zur Hochzeit ein Palais an der Rue de Bac; er selbst erlebt in den folgenden Jahren ein politisches Auf und Ab:

1787 des Landes verwiesen, 1788 zurückberufen, 1789 wieder verbannt und im Triumph (vom Volk) zurückgeholt, bis er 1790 endgültig demissioniert.

Trotz allem findet er noch die Zeit, ›Briefe über J.-Jacques Rousseaus Werke und Persönlichkeit‹, ein Werk seiner Tochter, drucken zu lassen. Diese mischt sich in den Revolutionsjahren mutig ein, versucht zu helfen, während andere sich aus dem Staube machen, gebiert zwischendurch ihre Kinder und scheint schier unverwüstlich. In den Wirren der Französischen Revolution grenzt es fast an ein Wunder, daß sie überlebt; der Wohlfahrtsausschuß verlangt aber schließlich ihre Ausweisung, und sie muß nach Coppet abreisen. Doch immer wieder kommt sie nach Paris zurück. Sie begegnet Napoleon; aber ihr Verhältnis zu ihm wird schnell ambivalent. Zunächst bewundert sie ihn, doch dann erkennt sie immer mehr den kommenden Diktator. Ihre Einmischungen machen auch vor privaten Dingen keinen Halt, so schreibt sie dem (noch) General beispielsweise auch, was sie von der charakterlosen Josephine Beauharnais, die Napoleon geheiratet hatte, hält, nämlich nichts. Napoleon ist empört, zumal auch ihre politischen Einmischungen nicht aufhören; später geht das so weit, daß Napoleon durch seinen Bruder Joseph anfragen läßt, um welchen Preis sie bereit wäre, sich nicht mehr ›einzumischen‹. Aber gerade damit unterschätzt Napoleon sie völlig, denn vor allem ihre ungehinderte Meinungsfreiheit kann ihr niemand nehmen.

Sie lebt inzwischen von Eric de Staël getrennt, reist mit ihrem ständigen Begleiter Benjamin Constant; de Staël taucht nur noch auf, wenn er Geld braucht. Sie hat unterdessen ›Sur les fictions‹ (über Literatur und Dichtung) geschrieben, einen Essay, der Goethes Aufmerksamkeit erregt, und ihn zur Übersetzung veranlaßt.[6]

Auch ihre ›Betrachtungen über den Einfluß der Leidenschaften‹ werden in Weimar mit Aufmerksamkeit zur Kenntnis genommen. Ihr später (1802) erschienener Roman ›Delphine‹ entlockt Goethe sogar ein einzigartiges Urteil: Einige Darstellungen hätten ihn außer sich gesetzt, so daß, wäre das Ganze diesen ebenbürtig, die Welt davor auf den Knien liegen müsse.[7]

Als diese ungewöhnliche, geistsprühende Frau nun nach Deutschland kommt, von Napoleon verbannt, der sie schon lange mit Argwohn verfolgt hatte und später ihr vielleicht berühmtestes Werk, ›Über Deutschland‹ persönlich verbieten läßt, eilt ihr ein ambivalenter Ruf voraus, der nicht frei ist von Verleumdung, Klatsch, Gehässigkeit und Intrige. In ›Delphine‹ hatte sie u. a. auch Talleyrand in der Verkleidung einer Frau de Vernon porträtiert; Talleyrand, sichtlich getroffen, äußerte sich dazu in bezeichnender Weise: »Frau von Staël hat sich und mich in ihrem Roman dargestellt – beide in der Verkleidung von Frauen.«[8] Aber dieser diffamierende Versuch, sie als ›Mannweib‹ darzustellen, sie abzustempeln, verfängt am allerwenigsten, denn das war sie wohl gerade nicht, sondern viel eher voll und ganz Frau, mit allen Tugenden und Schwächen, auch voller Gegensätze: extrovertiert und bescheiden, anlehnungsbedürftig und herrschsüchtig, gütig und anmaßend und dazu noch immer hilfsbereit, idealistisch und manchmal auch naiv, leichtsinnig und besonnen, unruhig, vital, äußerst sprachgewandt und mit einer gehörigen Portion triebhafter Lebensgier ausgestattet. Selbst ihre Feinde konnten ihr aber außergewöhnliche Geistesgaben nicht absprechen. Doch es traf sie am härtesten, wenn man ihr ihre Weiblichkeit absprechen wollte; kein ›Blaustrumpf‹ war sie, kein ›Mannweib‹, das mußten ihre Gegner lernen, dafür aber eine emanzipierte Frau, ohne alle Verzerrungen des heutigen Sprachgebrauchs.

Ihre Ausweisung traf sie hart – »Bürger Konsul«, fleht sie Napoleon brieflich an, »ich kann es nicht glauben. Sie würden mir damit zu einer traurigen Berühmtheit verhelfen, ich hätte eine Zeile in Ihrer Geschichte.«[9]

Sie kämpft, sie bittet und bettelt. Sie findet Fürsprecher, nichts hilft. Zunächst ist ihr nur Paris verwehrt, doch dann bringt ihr ein Offizier im Auftrag Fouchés den Ausweisungsbefehl; auch Constant wird ausgewiesen.

Sie beschließen, nach Deutschland zu gehen. Germaine de Staël kommt sich verlassen vor, alles erscheint ihr fremd, ihr Kind wird zu allem Überfluß auch noch krank, und sie fällt in ihrer Verzweiflung manches ungerechte Urteil.

In Frankfurt trifft sie im Haus Bethmann auch mit Goethes Mutter zusammen, die sie mit den Worten: »Je suis la mère de Goethe«, begrüßt haben soll, was aber inzwischen allgemein als anekdotenhaftes Machwerk aus der Phantasieküche Bettina Brentanos entlarvt wurde. Mutter Goethe geht der Dame aus Frankreich aus dem Wege. Sie schreibt dem Sohn einen Brief, in dem sie klagt, die Anwesenheit der Frau von Staël habe sie »gedrückt als wenn ich einen Mühlstein am Hals hangen hätte – ich ging Ihr überall aus dem Wege schlug alle Gesellschaften aus wo Sie war, und athmete freier da Sie fort war. Was will die Frau mit mir?? Ich habe in meinem Leben kein a.b.c.buch geschrieben und auch in Zukunft wird mich mein Genius davor bewahren.«[10]

Der Sohn, der dem Besuch mit gespaltenen Gefühlen entgegensieht, wird durch dieses geäußerte Unbehagen seiner Mutter auch nicht gerade freundlicher gestimmt. Außerdem spielt auch das Wetter nicht mit; dunkel, kalt und neblig präsentiert sich Deutschland, und beide Dichter, Goethe sowohl als auch Schiller, haben ihre Probleme damit. Goethe ist ohnehin in Jena und liebt Störungen bei konzentrierter Arbeit überhaupt nicht.

Schiller bringt seine Unzufriedenheit über diesen Besuch (auch angesichts mangelnder französischer Sprachkenntnisse) auf den Punkt, wenn er dem Dichterkollegen schreibt:

»Wenn sie nur Deutsch versteht, so zweifle ich nicht, daß wir über sie Meister werden, aber unsre Religion in französischen Phrasen ihr vorzutragen und gegen ihre französische Volubilität aufzukommen ist eine harte Aufgabe.«[11]

Beide waren ohnehin skeptisch; hinzu kam diese unglaubliche Volubilität, ihre Zungenfertigkeit, ihre Sprachgewandtheit (in der fremden Sprache), ihr sprühender Geist letztlich, den beide Dichter bewunderten und auch fürchteten.

Schiller, der die Staël zuerst trifft, kann den Kollegen aber bald darauf beruhigen; er schreibt an Goethe:

». . . es ist alles aus Einem Stück und kein fremder, falscher und pathologischer Zug in ihr. Dies macht, daß man sich trotz des immensen Abstands der Naturen und Denkweisen vollkommen wohl bei ihr befindet, daß man alles von ihr hören und ihr alles sagen mag.«[12]

Inzwischen macht Madame de Staël ihre ersten Besuche und wird auch bei Hofe mit offenen Armen empfangen; Goethe hat noch immer Vorbehalte, verschanzt sich hinter der Arbeit, dem Wetter, dem schlechten Gesundheitszustand:

»Vorauszusehen war es«, teilte er Freund Schiller mit, »daß man mich, wenn Mad. de Stael nach Weimar käme, dahin berufen würde. Ich bin mit mir zu Rathe gegangen, um nicht vom Augenblick überrascht zu werden, und hatte zum Voraus beschlossen hier zu bleiben. Ich habe, besonders in diesem bösen Monat, nur gerade so viel physische Kräfte um nothdürftig auszulangen [. . .] Will Mad. de Stael mich besuchen, so soll sie wohl empfangen sein. [. . .] Was ich hier zu thun habe ist in einzelnen Viertelstunden gethan, die übrige Zeit soll ihr gehören; aber in diesem Wetter zu fahren, zu kommen, mich anzuziehen, bey Hof und in Societät zu seyn, ist rein unmöglich . . .«[13]

Schließlich kann aber auch Goethe sich nicht länger verweigern. »Frau von Stael kündigte sich immer dringender an«, schreibt er in den Tag- und Jahresheften (1804), »mein Geschäft war vollendet, und ich entschloß mich in mancherlei Betracht nach Weimar zu gehen.«[14]

Er nimmt einen »starken Katarrh« in Kauf und bleibt skeptisch; einerseits ist er von ihrer »geistreichen Weiblichkeit«

angezogen, andererseits meint er, daß sie »keinen Begriff« von Pflicht habe; durch seinen Argwohn, schreibt er, »war der böse Genius in mir aufgeregt, daß ich nicht anders als widersprechend dialektisch und problematisch alles Vorkommende behandelte, und sie durch hartnäckige Gegensätze oft zur Verzweiflung brachte, wo sie aber erst recht liebenswürdig war, und ihre Gewandtheit im Denken und Erwidern auf die glänzendste Weise darthat.«[15]

Anerkennung auch hier; lästig allerdings ist sie ihm schon nach den ersten Begegnungen.

Germaine de Staël schont ihn aber auch nicht; sie ist besitzergreifend, wenn er ihr zu einsilbig erscheint, kommt sie gleich mit dem Vorwurf, er »sei diesen Abend wieder einmal gewohnter Weise, maussade [verdrießlich], und keine heitere Unterhaltung«[16] sei bei ihm zu finden.

Der sonst so versteinerte Goethe geht hoch:

»Ich ward wirklich im Ernste böse, versicherte, sie sei keines wahren Antheils fähig; sie falle mit der Thür in's Haus, betäube mich mit einem derben Schlag, und verlange sodann, man solle alsobald sein Liedchen pfeifen und von einem Gegenstand zum anderen hüpfen.«[17]

Germaine de Staël mag das amüsiert haben. Sie hatte ihn zumindest aus der Reserve gelockt, hatte die Lethargie Goethes, die auch Schiller so oft beklagte, wenigstens zeitweise durchstoßen. Dabei ist sie nicht zimperlich.

In ihrem Redeschwall vertieft sie beispielsweise auch gedankenlos eine Kerbe, die schon Herder hinsichtlich der ›Natürlichen Tochter‹ in die Dichterseele geschlagen hatte: Sein natürlicher Sohn sei ihm lieber als seine ›Natürliche Tochter‹; sie nennt das Werk Goethes schlicht einen ›noble ennui«, eine vornehme Langeweile, wie Klatschbase Böttiger[18] zu berichten weiß.

Wenn Goethe auch eingestand, daß die Arbeit nur ein

›Künstlerversuch‹ sei, muß ihn das Urteil doch sehr getroffen haben.

Aber ihre heitere Art beeindruckt ihn auch, weil gerade er diese Eigenschaft nicht besaß. Sie lockt ihn ständig aus der Reserve, er brauche die Verführung, ›il vous faut de la séduction‹,[19] sagt sie, und ihr gefällt der Dichter am besten, wenn seine Versteinerung ein wenig bröckelt – »Überhaupt mag ich Goethe nicht«, sagt sie einmal während eines Abendessens bei der Herzogin Amalie, »wenn er nicht eine Bouteille Champagner getrunken hat.«[20]

Das hatten andere auch schon festgestellt: Goethe konnte mit ›gelöster Zunge‹ gelegentlich ganz heiter, munter und charmant drauflosplaudern.

Madame de Staël an Necker

[Weimar,] Den 18. Dezember [1803]
[...] Man behandelt mich hier aufs beste. Der Herzog von Sachsen-Weimar sagt, daß er 75 seine Tage zusammen mit Dir verbracht hat und vergilt mir reichlich all die Höflichkeiten, die Du ihm erwiesen hast. Am Tage nach meiner Ankunft und am darauffolgenden Tage habe ich bei Hofe diniert und soupiert, und der Herzog hat sich persönlich in meinen Gasthof begeben; er will in seinem Theater Stücke von Schiller und Goethe für mich geben lassen; kurz, mehr Höflichkeit und Güte ist nicht möglich. Gleiches wird mir zuteil von der Gesellschaft und den großen Männern, Wieland, Schiller etc. Indes haben hier und in ganz Sachsen selbst die untersten Gesellschaftsklassen *Delphine* gelesen, so daß der Ehrgeiz sich mehr nicht wünschen kann. Man muß ins Ausland gehen, um zu erfahren, wie weit ein Ruf dringt. Chateaubriand zum Beispiel ist hier fast unbekannt. Nun, lieber Freund, all das macht,

daß das Leid sich verzieht, aber es bringt noch keine Freude; Freude, das ist Liebe, Paris oder Macht; man muß eins dieser drei Dinge haben, um das Herz, den Geist und das Tun zu erfüllen, fehlt es, ist alles übrige metaphysisch im Genuß, aber real im Schmerz. Was sagst Du zu diesem getreuen Abbild meines intimen Ich?

[...] Goethe und Schiller haben den Kopf voll der seltsamsten Metaphysik, die Du dir vorstellen kannst, und da sie einsam und bewundert leben, denken und dichten sie einsam, und was sie ersonnen haben, wird ohne Schwierigkeit aufgenommen. Das deutsche Publikum ist sehr fügsam, und insofern kannst Du meine Erfolge geringer achten; nun, ein sehr fügsames Publikum schadet der Begabung der Schriftsteller [...] Ich bringe Auguste heute hier in Weimar in ein Pensionat, damit er vierzehn Tage lang nichts als Deutsch hört, und ich nehme mir eine kleine Wohnung und ziehe aus dem Gasthof aus, dessen Kost mir wegen Albertine Sorgen machte. In einigen Tagen gehe ich nach Jena, vier Meilen von hier, um Goethe und einige Professoren zu sehen [...].

An Goethe

Weimar, den 15. Dezember [1803]
Ich habe Ihnen heute morgen geschrieben, Monsieur, um Sie wissen zu lassen, daß es, nun ich nach Deutschland gekommen bin, mein größter Wunsch ist, Sie kennenzulernen und mich durch Ihr Wohlwollen geehrt zu sehen. Ich bleibe bis zum 1. des Jahres hier, wenn Sie einige Tage vor diesem Zeitpunkt herkommen, werde ich hier auf Sie warten. Sollte Ihre Gesundheit Ihnen das nicht erlauben, haben Sie die Güte, es mir zu schreiben, und ich werde kommen, um zwei Tage mit Ihnen in Jena zu verbringen. In kürzerer Zeit ist es mir nicht möglich, Ihnen

Der gelbe Saal in Goethes Wohnhaus: »Ein breiteres Leben will er nun führen.«

meine Bewunderung auszudrücken und einige Ihrer Gedanken aufzunehmen, die den Rest meines Lebens in meinem Geist fortwirken sollen.   N. Staël de H.

Goethe an Madame de Staël

[Jena, 16.? Dezember 1803]

Das ist, Madame, doch einer der frappantesten Widersprüche: Sie sind in Weimar, und ich eile nicht herbei, Sie meiner tiefen Ergebenheit zu versichern. Ich will mich jedoch weder über die derzeit komplizierten Geschäfte, noch über physische Unpäßlichkeiten, die mich hier zurückhalten, beklagen; diese unglücklichen Umstände sind mir lieb, denn sie verschaffen mir ein Glück, das zu wünschen ich nie gewagt hätte. Sie kommen zu einem Eremiten, der sein Möglichstes tun wird, um alles beiseite zu schieben, was ihn hindern könnte, sich völlig der willkommenen Besucherin zu widmen. Sie werden diese trüben Tage erhellen, und die endlosen Abende werden wie Augenblicke verstreichen.

Seien Sie versichert, Madame, daß ich die ganze Vortrefflichkeit Ihrer Güte fühle und daß ich ungeduldig auf den Augenblick warte, da ich Ihnen sagen kann, wie sehr ich Ihnen verbunden bin.

Ich besorge Ihnen ein kleines Logis in meiner Nachbarschaft und bitte Frau von Schiller, meine Freundin, mir Ihre Pläne mitteilen zu wollen ... mir den Tag Ihrer Ankunft anzuzeigen.

[Weimar, den 18. Dezember 1803]
Man gibt diese Woche *Die natürliche Tochter*. Sie müssen mir
erlauben zu bleiben, um das Stück zu sehen, doch wenn Sie
mich Samstag bei sich haben wollen, werde ich kommen und
mit Ihnen dinieren. Ich höre, daß Sie mich unterbringen wollen; ich brauche nur zwei Zimmer, eines für meine Tochter,
die sechs Jahre ist, das andere für mich. Ich bin wohl der allen materiellen Dingen des Lebens am gleichgültigsten gegen-
überstehende Mensch, und ich werde noch weniger als gewöhnlich daran denken, wenn ich bei Ihnen bin. Ich sage Ihnen
das, damit Sie nicht etwa auf die Idee kommen, mich wie eine
Dame aus Paris zu empfangen, sondern als die Frau, die über
Werther und den Grafen Egmont die meisten Tränen vergossen
hat [. . .]. Hier behauptet man, es sei unterwürfig von mir, Sie
aufzusuchen, und von Ihnen wenig galant, nicht zu kommen,
um mich hier zu sehen. Mit Vergnügen will ich diese Unter-
würfigkeit bezeigen, da mein Geist und mein Herz Ihnen sehr
ergeben sind; könnte ich Sie aber nicht in meinem Wagen mit
zurückbringen, weiß ich schon jetzt, daß es mich sehr beküm-
mern würde. Da habe ich nun einen Brief geschrieben, als hätte
ich Sie mein Leben lang gesehen, aber habe ich Sie nicht
mein Leben lang gelesen? Und ist Ihr Werther nicht das Werk,
das ich hundertmal wiedergelesen habe und das mit allen meinen Eindrücken innig verbunden ist? Adieu, Monsieur, adieu,
bis Samstag, wenn ich in Ihren Bergen nicht umstürze, werde
ich in einer Stunde bei Ihnen sein. N. Staël de H.

Ich werde wegen meiner Tochter Ihren Arzt, M. Stark, aufsuchen und ihm danken, daß er Sie geheilt hat.

[Jena, 19. oder 20. Dezember 1803]
Nein, Madame, nicht Sie sollen bei diesem vielen Schnee die kurze, doch höchst unangenehme Reise machen. Diese Woche genügt mir, um die Angelegenheiten, die mich hier festhielten, zu erledigen. Sonnabend komme ich, um mich Ihnen ganz zu widmen, und ich hoffe, daß Sie das Diner bei mir mit Herrn und Frau von Schiller einnehmen wollen. Meine Ungeduld, Sie, Madame, zu sehen, wächst von Tag zu Tag, und Sie würden mit einem alten Freund sicherlich zufrieden sein, könnten Sie lesen, was in meiner Seele vorgeht. Adieu also bis Sonnabend, Sonntag. Vergessen Sie nicht, daß diese Tage Ihnen bestimmt waren und daß ich Montag die kurze Reise in Ihrem Wagen unternommen hätte; von all diesen kostbaren Augenblicken möchte ich so wenig wie möglich verlieren. Vielleicht ahnen Sie nicht, daß es ein leicht lästig werdender Freund ist, der bei Ihnen erscheinen wird [...].

An Necker

[Weimar,] den 25. Dezember [1803]
Ich möchte Dir gern die drei berühmten Männer Weimars beschreiben. [...] Wieland ist siebzig, eine feine Erscheinung, und besitzt einen an Voltaire geschulten Geist; ein Suard, nur nicht so welterfahren, und er kennt sich in Menschen und Dingen weniger aus. Er verabscheut das deutsche System in der Literatur und scheut sich, es zu sagen, aus Angst, sich in seinem Alter Feinde zu schaffen.

Schiller hat eine ihm ganz eigene Vorstellung von der Literatur und kümmert sich um nichts anderes in der Welt. Er ist ein großer hagerer Mann, bleich und rothaarig, doch kann man bei ihm Physiognomie entdecken, was in Deutschland sehr selten ist. Er spricht sehr schlecht Französisch, doch seine Gedanken, und er hat welche, verschaffen sich immer Gehör. Sein Selbstgefühl besteht nicht, wie das der Franzosen, in Reizbarkeit oder Eitelkeit, sondern es steckt ganz in seinen Ansichten und streckt nicht grundlos den Kopf aus dem Fenster. Aus allem, was er sieht, aus allem, was er weiß, macht er Literatur, doch nie betrachtet er die Literatur von außen; er bleibt immer auf seine Bücher oder sich selbst konzentriert; das hat mehr Originalität denn Geschmack zur Folge. Er hat mir ein Kompliment gemacht, für das ich empfänglich war; er sagte mir, ich sei der einzige Mensch, der die Reflexion einer einsamen Seele mit der Grazie einer Frau von Welt verbinde. Er ist milde und gerecht in seinem Selbstgefühl; nichts kränkt ihn, und überhaupt besitzt er etwas mehr Verstand als jene Menschen mit Selbstgefühl, die sofortiges Lob hören möchten.

Goethe verleidet mir das Ideal Werther. Er ist ein untersetzter Mann ohne Physiognomie, der sich wie ein Mann von Welt benehmen möchte, ohne daß es ihm ganz gelingt, und der nichts Sensibles besitzt, weder im Blick noch in der Geisteshaltung noch im Umgang; aber ansonsten ist er, hinsichtlich der literarischen und metaphysischen Gedanken, die ihn beschäftigen, ein sehr bedeutender Mann. Bestimmt werde ich aus dieser Reise Nutzen ziehen, doch möchte ich einmal überheblich sein und behaupten, daß nur ich, so wie ich es tue, aus ihr Nutzen ziehen kann, denn man muß diese Männer auf ihrem Terrain aufsuchen, und Du selbst würdest sie in jedem anderen Wirkungskreis recht sonderbar finden; doch ich habe bei ihnen vollen Erfolg, und indem ich ihnen zuhöre, kommen mir neue Ideen. Der Herzog ist ein Mann von französischer Geistesart, er hat eine noble und feine Gesittung und ist humorvoll, gütig und schlicht; wäre er König, er würde gewiß sehr berühmt werden. Es ist eine sehr väterliche Regierung, die alle

Freiheit den Untertanen gibt, außer Würde, Charakter und Interesse an politischen Dingen. Diese drei Männer, zumal die beiden letzteren, lesen nicht eine einzige Zeitung. Es ist dies, glaube ich, der Winkel der Welt, wo es die meisten abstrakten und die wenigsten realistischen Ideen gibt; das ist eine Zeitlang recht schön.

Goethe an Madame de Staël

[Weimar, den 5. Januar 1804]
Sicher haben Sie, Madame, bei unserer letzten Begegnung gespürt, daß das absolute Ich Ihres Freundes vom empirischen Ich ganz verdunkelt war. Seitdem habe ich einen Tag im Bett verbracht, zur Zeit fühle ich mich etwas besser; doch kenne ich den Verlauf meiner Indispositionen zu gut, um irgendwie störend darin einzugreifen zu wagen, besonders jetzt, da ich wenigstens einige Stunden am Tag meinen ganzen Verstand brauche. Entschuldigen Sie mich daher, Madame, wenn ich Sie bitte, mich vom Soupé, zu dem Sie uns gütigerweise geladen haben, zu dispensieren. Gerade abends tauge ich zu nichts, wie ich es gestern erlebt habe [...]. Verlängern Sie meinen Urlaub gnädigst noch um einige Tage, und ich hoffe, mich so weit erholen zu können, daß ich mich in so hochinteressanter Gesellschaft nicht wie ein stumpfsinniger Klotz fühle. Diese Jeremiade begleite ich mit tausend Wünschen für Ihre Zufriedenheit.
                                                                        Goethe.

❧ Die Staël ist anstrengend und auch lästig. Nach langen Wochen in Weimar verflüchtigt sich die Begeisterung, zumindest bei Goethe und auch bei Schiller. Schiller, der gerade seinen ›Tell‹ beendet hat, muß sich auch wegen seiner angegriffenen Gesundheit schonen; hörbar genervt stöhnt er im

Brief an Körner: ». . . die französische Dame, die mir hier in der besten Zeit meines Arbeitens auf dem Halse saß, habe ich tausendmal verwünscht. Die Störung war ganz unerträglich.«[21]

Beide, Goethe und Schiller, fühlen sich in ihrer Arbeit beeinträchtigt, immerhin bleibt Germaine de Staël fast ein Vierteljahr in Weimar. Sie schreibt ihrem Vater zu diesem Zeitpunkt schon, daß sie ein Buch über Deutschland plane, und sie intensiviert ihre Bemühungen, Deutsch zu lernen.

Ende Februar 1804 verabschiedet sie sich in Weimar, mit vielen Empfehlungen versehen; Constant verläßt sie und fährt in die Schweiz zurück. Sie aber reist, sogar zusammen mit dem Herzog Carl August, nach Berlin, wo sie gleich zum Hofball gebeten wird. Königin Luise empfängt die Gegnerin Napoleons mit den Worten:

»Ich hoffe, Madame, daß Sie uns genügend guten Geschmack zutrauen, um durch Ihre Ankunft in Berlin geschmeichelt zu sein. Ich bewundere Sie bereits seit langem und war ungeduldig, Ihre Bekanntschaft zu machen.«[22]

In Berlin lernt sie, durch Goethes Vermittlung, auch August Wilhelm Schlegel kennen, der, nach anfänglichem Zögern, ihr Angebot annimmt, Hauslehrer ihrer Kinder zu werden.[23]

Die Abreise aus Berlin, vielleicht auch Schlegels Entschluß, werden beschleunigt durch eine Katastrophe, eine Nachricht, die sie in tiefe Verzweiflung stürzt: Am 10. April 1804 ist ihr Vater, Jacques Necker, auf Schloß Coppet gestorben.

Schlegel entschließt sich nun endgültig zur Mitreise, Constant eilt ihr aus der Schweiz entgegen. Sie machen kurz in Weimar Station, um der trauernden Tochter etwas Erholung zu gönnen, dann geht es zurück nach Coppet zu dem toten Vater, über den sie in tiefem Schmerz sagt: »Ach! Er war ja nicht nur mein Vater! Er war mein Bruder, mein Mann, mein Ein und Alles!«[24]

Am 7. April schrieb sie an Goethe und an den geliebten

Vater; von letzterem nahm sie an, daß es ihm gutgeht; noch ahnte sie nichts von seinem nahen Ende.

Berlin, 7. April 1804

Ich müßte Sie um Entschuldigung bitten, *my dear sir*, weil ich Ihnen noch nicht geschrieben habe, wüßte ich nicht, daß man Ihnen immer eine kleine heimliche Freude bereitet, wenn man Ihnen Veranlassung gibt, die Antwort hinauszuschieben. Sie sind meiner Freundschaft und meiner Bewunderung, die Sie gern sehen, sofern sie im Unbestimmten bleibt, so sicher, und möchten nicht, daß ich Ihnen, alle Gesetze der neuen Poetik außer acht lassend, ganz direkt ohne Unbestimmtes, ohne geheimnisvolle Sprache sage, was ich fühle. Sie haben mir freundlicherweise gesagt, daß es Ihnen eine Freude gewesen wäre, Berlin zusammen mit mir zu besuchen. In Wirklichkeit kann sich das, was in meinen Empfindungen lebendig und jung ist, hier kaum erproben. Es ist ein Land, das die Phantasie nicht anregt. Die Gesellschaft ist hier preußisch ausgerichtet, und die Frauen hier müssen über die Tatsache, daß sie altern, ganz erstaunt sein, denn sie sagen und tun sechzig Jahre lang immer dasselbe; die Zeit sollte nicht fortschreiten, wenn die Gedanken, die Gefühle und die Umstände stecken bleiben. Lebte ich in Deutschland, würde ich mich sicher nicht in einer Großstadt niederlassen. Die Deutschen verstehen es nicht, aus einer Großstadt Vorteil zu ziehen; man sucht sich seine Gesellschaft hier nicht aus, man vergrößert sie; man weiß hier kaum mehr von politischen Nachrichten, dagegen tausendmal mehr von Klatsch und Tratsch; man hat hier nicht mehr Freiheit als in einer Kleinstadt, es gibt nur mehr Beobachter, und dem äußeren Leben, Trinken, Essen, Tanzen, Kartenspielen kommt hier tausendmal mehr Bedeutung zu als in Weimar. Bei alledem entdeckt man in der literarischen Welt, was für Deutschland charakteristisch ist, Gelehrsamkeit, Philosophie, Rechtschaffenheit, doch besteht nicht die geringste Ähnlichkeit zwischen dem, was wir in Frankreich Gesellschaft nennen, und dieser hier. Und mich wundert nicht, daß die Gelehrten in Deutschland mehr Zeit für ihr Studium haben als sonstwo, denn eine Verführung durch die Gesellschaft gibt es nicht. Nichtsdestoweniger hat es mich gefreut, ein neues Land zu sehen, wirklich großartig aufgenommen zu werden und, unter diesen vielen Leuten, Männern und Prinzen, Königinnen und Frauen zu begegnen, die in all dem, was sie für vornehm halten, einen liebenswerten und guten Geschmack beweisen. Es gibt hier wie in Weimar Menschen, die für Sie schwärmen, und kämen Sie hierher, ich bin sicher, daß Hof und Stadt ebenso in Aufregung gerieten wie bei der Ankunft eines Bonaparte; es will schon etwas heißen, wenn das Genie wie ein Potentat gefeiert wird.

Ich muß Ihnen auch noch für die interessante Gesellschaft danken, die ich in Berlin gefunden habe: Wilhelm Schlegel. Ich bin für alle meine Scherze über die Schlegels bestraft oder belohnt. Ich glaube nicht, daß es einen geistreicheren und scharfsinnigeren Literaturkritiker gibt als Wilhelm, der in der Literatur so weitreichende Kenntnisse besitzt, daß man selbst dann, wenn man nicht seiner Meinung ist, sich bei ihm die Argumente holen muß. Kurz, ich finde in seinem Wesen etwas, das zu seinem wenig schmeichelhaften Ruf nicht paßt, und um ihn unbeschwerter lieben zu können, möchte ich das, was in der Gemütsart der Familie allzu unfreundlich ist, seinem Bruder zuschreiben. Er wird gleich mir den Juni in Weimar verbringen. Ach! ich kündige Ihnen an, mein lieber Goethe, daß Sie sich zu Ihrem Leidwesen mit uns beiden werden unterhalten müssen. Diese drei Wochen, leider vielleicht die letzten, die ich in meinem Leben mit Ihnen verbringen werde, ich will sie einzig dafür verwenden, Ihnen zuzuhören, ich will Ihnen alles stehlen, was sich stehlen läßt – wonach Sie immer noch sehr reich bleiben werden –, und nach Frankreich zurückkehren mit einer Beute, die nichts mit jener gemein hat, die unsere Generäle mitbringen. Adieu, Sie haben kein Bedürfnis nach Liebe, und ich liebe Sie, ein Beweis mehr für das, was ich immer beobachtet habe, nämlich daß man mühelos erhält, was man kaum ersehnt. Adieu, diktieren Sie ungeniert Ihre Antwort, ich besitze Handgeschriebenes von Ihnen, das mir nicht verlorengeht.

N. Staël de H.

P. S. Lassen Sie sich sagen, daß es in Berlin nicht einen Fürsten oder Mann von Welt gibt, der soviel Geist besitzt wie unser Herzog.

Das Goethe-Portrait aus Madame de Staëls Buch *›Über Deutschland‹*

Was Klopstock mangelte, war eine schöpferische Einbildungskraft; er verstand es, große Gedanken und edle Gefühle in schönen Versen auszusprechen, aber einen Künstler im eigentlichen Sinne kann man ihn nicht nennen. Seine Erfindungen sind schwach, und die Farben, die er ihnen leiht, haben fast nie die Fülle von Kraft, die man so gern in der Poesie und in allen den Künsten wiederfinden mag, deren Bestimmung es ist, der Dichtung die Energie und die Ursprünglichkeit der Natur zu geben. Klopstock verliert sich im Ideal: Goethe behält immer festen Boden, wenn er sich auch zu den höchsten Schwüngen erhebt. Sein Geist hat eine Stärke, die durch seine Empfindsamkeit nie leidet. Goethe könnte für den Repräsentanten der ganzen deutschen Literatur gelten; nicht, als ob sie nicht in mancher Beziehung Schriftsteller zählte, die noch über ihm stehen, sondern weil er in sich allein alles vereinigt, was den Geist der Deutschen von anderen unterscheidet, und weil keiner so ausgezeichnet ist durch eine Gattung der Einbildungskraft, von welcher weder Italiener noch Engländer noch Franzosen einen Teil beanspruchen dürfen.

Da Goethe Schriftsteller in allen Gattungen ist, so wird die Beleuchtung seiner Werke den größten Teil der folgenden Kapitel ausfüllen; doch, dünkt mich, wird die persönliche Kenntnis des Mannes, der den größten Einfluß auf die Literatur seines Vaterlandes hat, dazu dienen, diese Literatur selbst besser zu verstehen.

Goethe ist in der Unterhaltung ein Mann von verwundernswürdigem Geiste, und man mag sagen, was man will, wer Geist hat, muß plaudern können. Es gibt wohl einzelne Beispiele von schweigsamen hohen Naturen: Schüchternheit, Unglück, Verachtung, Langeweile sind oft davon der Grund; im allgemeinen aber müssen Fülle der Ideen und Wärme des Gemüts das Bedürfnis erzeugen, sich andern mitzuteilen, und Menschen, die nicht nach dem beurteilt sein wollen, was sie sagen, dürften leicht kein größeres Interesse für das, was sie denken, verdienen. Wenn man die Kunst versteht, Goethe zum Sprechen zu bringen, ist er bewundernswert; seine Beredsamkeit wird von Gedanken erzeugt; sein Scherz ist zugleich voll Anmut und voll Philosophie; seine Einbildungskraft durch äußre Gegenstände angeregt, wie etwa die der Künstler im Altertum, und doch hat seine Vernunft nur zu sehr die Reife unsrer Zeit. Nichts stört die Kraft seines Kopfes, und selbst die Inkonvenienzen seines Charakters, Launen, Verlegenheit, Zwang, ziehn wie Wolken am Fuß des Berges hin, auf dessen Gipfel sein Genie thront.

Was man von Diderots Unterhaltung erzählt, dürfte vielleicht eine Idee Goethes geben; wenn man jene aber nach Diderots Schriften beurteilt, so erscheint der Abstand zwischen diesen beiden Männern unendlich groß. Diderot stand unter dem Joch seines Geistes; Goethe herrscht selbst über sein Talent: Diderot wird aus dem Bestreben, Effekt zu machen, geziert; in Goethe geht die Verachtung des Erfolgs bis zu einem Grade, der allgemein gefällt, selbst, wenn man über seine Nachlässigkeit ungeduldig wird. Diderot hat es nötig, durch Philanthropismus die religiösen Gefühle zu ersetzen, die ihm mangelten; Goethe würde lieber bitter als süßlich sein; was er aber vor allen Dingen ist, er ist *natürlich*, und wahrlich, was ist ohne diese Eigenschaft wohl in *einem* Menschen, was einen andern interessieren könnte?

Goethe besitzt nicht mehr diese hinreißende Glut, die ihm den *Werther* eingab; aber die Wärme seiner Gedanken reicht noch vollkommen hin, um alles zu beleben. Man möchte von ihm sagen, daß das Leben ihn selbst nicht berühre und daß er es bloß darstelle wie ein Maler; er setzt in die Gemälde, die er uns vor Augen bringt, einen höhern Wert als in die Rührungen, die er empfindet; die Zeit hat ihn zum Zuschauer gebildet; als er noch eine tätige Rolle spielte auf der Bühne der Leidenschaften, als er selbst noch durch sein Herz litt, machten auch seine Schriften einen lebhafteren Eindruck.

Da sich jeder Dichter eine Poetik nach seinem Talent bildet, so stellt Goethe jetzt die Behauptung auf, der Schriftsteller müsse ruhig sein, auch wenn er ein leidenschaftliches Werk schaffe, und der Künstler sein kaltes Blut bewahren, um stärker auf die Einbildungskraft der Leser zu wirken. Vielleicht hätte er in seiner früheren Jugend gleiche Meinung nicht gehegt, vielleicht beherrschte ihn damals sein Genie, wie er jetzt dessen Meister ist, vielleicht endlich fühlte er damals, daß, da das Erhabene und Göttliche nur auf Augenblicke im Herzen des Menschen wohnen, der Dichter unter der Begeisterung stehe, die ihn belebt, und nicht über sie urteilen könne, ohne sie einzubüßen.

Im ersten Augenblicke staunt man, in dem Dichter des *Werther* Kälte, ja selbst eine Art von Steifheit zu finden; aber kann man ihn dazu bringen, daß er es sich bequem mache, so verscheucht die Beweglichkeit seiner Einbildungskraft bald gänzlich den früher empfundenen Zwang; er ist ein Mann von universellem Geiste, denn in seiner Unparteilichkeit liegt keine Gleichgültigkeit, es ist vielmehr ein doppeltes Dasein, eine Doppelkraft, ein Doppellicht, welche bei allen Gegenständen zu gleicher Zeit beide Seiten einer Frage beleuchten. Sein Denken hält nichts in seinem Laufe auf, nicht sein Jahrhundert, nicht seine Gewohnheiten, nicht seine Verhältnisse; senkrecht trifft sein Adlerblick die Gegenstände, die er ins Auge faßt: hätte er eine politische Laufbahn gehabt, hätte sich seine Seele in Taten entwickelt, so wäre sein Charakter entschiedner, fester, patriotischer geworden, aber sein Geist würde nicht so frei über allen Gattungen von Ansichten schweben; Leidenschaften oder Interesse zeichneten ihm dann einen positiven Weg vor.

Goethe liebt es, in seinen Schriften wie in seinen Gesprächen Fäden zu zerreißen, die er selbst gewebt hat, mit Rührungen zu spielen, die er selbst erregt, Statuen umzustürzen, die er zur Bewunderung aufgestellt. Kaum hat er in seinen Dichtungen Interesse für einen Charakter erzeugt, so zeigt er in ihm Inkonsequenzen, die wieder von ihm abziehn. Er schaltet mit der poetischen wie ein Eroberer mit der realen Welt und fühlt sich stark genug, wie die Natur Zerstörung in sein eignes Werk zu bringen. Wäre er nicht ein achtungswerter Mann, man müßte vor dieser Art der Superiorität Furcht bekommen, die über alles sich erhebt, die niederdrückt und aufrichtet, erweicht und darüber spottet, wechselweise in einem Glauben befestigt und wieder daran zweifeln macht, und alles immer mit gleichem Glück. –

Ich habe gesagt, daß sich in Goethe alle Hauptzüge des deutschen Genius finden; ich setze hinzu, alle in einem ausgezeichneten Grade: eine große Tiefe der Ideen, eine Anmut, die in der Einbildungskraft ihre Quelle hat und viel eigentümlicher ist als die durch den Geist des Umgangs gebildete, endlich eine zuweilen an das Phantastische streifende Empfindungsfähigkeit, die aber eben aus diesem Grunde geeigneter ist, Leser zu interessieren, die sich an Bücher wenden, um Wechsel in ihr einförmiges Dasein zu bringen, und von der Poesie fordern, daß sie ihnen die Stelle wahrer Ereignisse vertrete. Wäre Goethe ein Franzose, so ließe man ihn von Morgen bis Abend nur sprechen: alle schriftstellerischen Zeitgenossen Diderots gingen zu ihm, um Ideen aus seiner Unterredung zu schöpfen, und bereiteten ihm einen dauernden Genuß in der Bewunderung, die er einflößte. In Deutschland versteht man es nicht, sein Talent in der Unterhaltung zu verausgaben, und so wenige Menschen, selbst unter den Ausgezeichnetsten, haben die Fertigkeit zu fragen und zu antworten, daß die Gesellschaft dort fast für nichts gilt; Goethes Einfluß aber ist dessenungeachtet nicht minder außerordentlich. Es gibt unter den Deutschen gewiß eine große Menge, die Genie in der Aufschrift eines Briefes finden würden, wenn er sie geschrieben hätte. Goethes Bewunderer bilden eine Art von Brüderschaft, deren Losungsworte die Eingeweihten einen dem andern kenntlich machen. Wenn Ausländer ihn auch bewundern wollen, aber einige Einschränkungen darauf hindeuten, daß sie sich erlaubt haben, seine Werke näher zu untersuchen, so werden sie mit Verachtung zurückgewiesen; und doch gewinnen diese Werke bei der Prüfung so sehr. Man kann einen solchen Fanatismus nicht erregen, ohne große Eigenschaften, im Guten oder Bösen, zu besitzen: denn nur die Macht wird, in welcher Gattung es sei, von den Menschen so gefürchtet, um sie auf diese Weise lieben zu können.

1807
BETTINE BRENTANO

Es ist eine sehr angenehme Empfindung,
wenn sich eine neue Leidenschaft in uns
zu regen anfängt, ehe die alte noch ganz
verklungen ist. So sieht man bei unterge-
hender Sonne gern auf der entgegengesetzten Seite den Mond aufgehn
und erfreut sich an dem Doppelglanze
der beiden Himmelslichter.

Goethe, Dichtung und Wahrheit

❧ Goethes Wort aus »Dichtung und Wahrheit« ist zu erklären und keineswegs vorschnell auf Bettine zu beziehen, die später ins Spiel kommt.

Wer war die ›alte‹ Leidenschaft, wer die ›neue‹?

Goethe hatte sich beinahe fluchtartig aus Wetzlar abgesetzt (vgl. den Besuch Charlotte Kestners), hatte seine Lotte, die ›alte‹ Leidenschaft, verlassen, und er hatte sich im Hause der Brentanos eingefunden, besuchte die mit ihm befreundete Hausherrin, die er schon aus ihrem Elternhaus in Ehrenbreitstein kannte. Diese, Maximiliane von La Roche, hatte Anfang 1774 den Witwer Peter Anton Brentano geheiratet, der bereits sechs Kinder hatte und dem sie zwölf weitere schenkte. Goethe schwärmte von Maximiliane, Bettines Mutter, beschrieb sie »eher klein als groß von Gestalt, niedlich gebaut«.

Für ihn hatte sie »eine freie anmuthige Bildung«, womit im damaligen Sprachgebrauch die Körpergestalt gemeint war; sie hatte »die schwärzesten Augen und eine Gesichtsfarbe, die nicht reiner und blühender gedacht werden konnte«.[1]

Vielleicht brauchte Goethe wie auch später die ›Sicherheit‹ einer verheirateten Frau, um Zuneigung und Flirtverhalten ungehindert entfalten zu können; die Psychoanalytiker haben sein Verhalten inzwischen in dieser Hinsicht gnadenlos analysiert.[2]

Goethe hatte die Eltern Maximilianes von La Roche bereits 1773 in Koblenz-Ehrenbreitstein kennengelernt, wo die Mutter, Sophie von La Roche, eine Art literarischen Salon pflegte, in dem auch Wieland ein besonderer Gast gewesen war.

In ›Dichtung und Wahrheit‹ beschreibt Goethe das Haus der La Roches, unter der Festung Ehrenbreitstein am Rhein gelegen, mit freier »Aussicht den Strom hinabwärts«, mit hohen und geräumigen Zimmern, »galerieartig mit aneinanderstoßenden Gemählden behangen«.[3]

Sophie von La Roche, verheiratet mit dem Kurtrierischen

Staatsrat und Regierungskanzler Georg Michael Anton von La Roche, hatte 1771 (anonym) den Roman »Geschichte des Fräuleins von Sternheim« durch Wieland, mit dem sie einst sogar verlobt gewesen war, veröffentlichen lassen. Der Roman hatte große Resonanz, und Goethe rezensierte: »Man wird nun hoffentlich bald aufhören, von diesem Buche zu reden, und fortfahren, es zu lesen und zu lieben.«

Sein besonderes Augenmerk aber galt neben der Beteiligung an literarischen Gesprächen im Salon der Sophie von La Roche schon damals deren ältester Tochter Maximiliane, oder schlicht und zärtlich ›Max‹ oder ›Maxe‹, wie er sie nannte.

»Die Max«, schrieb Goethe nun nach ihrer Heirat, »ist noch immer der Engel, der mit den simpelsten und werthesten Eigenschaften aller Herzen an sich zieht, und das Gefühl, das ich für sie habe, worinn ihr Mann nie Ursache zur Eifersucht finden wird, macht nun das Glück meines Lebens.«[4]

Hier irrte Goethe, was die Eifersucht betraf, wenn er diesen Satz nicht schon wider besseren Wissens geschrieben haben sollte.

Er hatte inzwischen gerade seinen ›Werther‹ geschrieben und nahm seine Beziehung zu ›Maxe‹ wieder auf, freundschaftlich, unbekümmert und auch ein bißchen leichtsinnig.

Blaubart Brentano, Eifersucht hin, Eifersucht her, muß schließlich dem Treiben abrupt ein Ende gesetzt haben, indem er dem jungen Dichter, nach einer heftigen Szene, kurzerhand das Haus verbot.

»Wenn Sie wüsten was in mir vorgegangen ist eh ich das Haus mied«, schrieb nun Goethe an Maxes Mutter, »Sie würden mich nicht rückzulocken dencken liebe Mama«, und, reichlich emphatisch, setzte Unschuldslamm Goethe hinzu: ». . . ich habe in denen schröcklichen Augenblicken für alle Zukunft gelitten, ich bin ruhig, und die Ruhe lasst mir . . .«[5]

Auch Mutter Goethe war über die Vorgänge bestens informiert und berichtet ihrem Sohn noch über die Brentanos, als ihr ›Hätschelhans‹ längst in Weimar ist.

Von Maxes Kindern war es später besonders Elisabeth Catharina Ludovica Magdalena Brentano, besser bekannt als Bettina oder Bettine, die später in engen Kontakt zu Goethe trat.

Bettine, ein Kobold in ihren jungen Jahren, bis sie später zu sozialer Verantwortung fand, suchte sich ihre Idole, die sie beispielsweise in Goethe und kurzzeitig auch in Beethoven gefunden zu haben glaubte.

Von Goethe fand sie Briefe, die an ihre Mutter gerichtet waren, und »Bettine beschloß«, schreibt Klaus Günzel, »den Schicksalsfaden wieder dort aufzunehmen, wo er vor langer Zeit von prosaischen Mächten zerschnitten worden war, und suchte zunächst die Bekanntschaft von Goethes alter Mutter, die über jene alte Geschichte genau Bescheid wußte und die Familie Brentano seit Jahrzehnten kannte«.[6]

Ihre Erfahrungen und Gespräche hat Bettine viel später (1835) in ihrem berühmten Buch ›Goethes Briefwechsel mit einem Kinde‹ verarbeitet, ein Werk, in dem ›Dichtung und Wahrheit‹, überschäumende Phantasie und nüchterne Realität nicht voneinander zu trennen sind.

Bei ihrem ersten Besuch in Weimar (1807) erschien nun Bettine, Maxes Tochter, mit einem Empfehlungsschreiben Wielands. Goethe empfing sie »wie eine lang verheißene Freude«, so die selbstbewußte Bettine, »die nun endlich erscheint«.[7]

Bettines Goethe-Apotheose begann; selbst Bruder Clemens, ähnlich unruhig wie Bettine, der mit Bettines zukünftigem Mann, Achim von Arnim, gerade die Liedersammlung ›Des Knaben Wunderhorn‹ herausgegeben hatte, nennt das gelegentlich ›sich einen Götzen schaffen‹.

Die Besuche Bettines blieben nicht immer so konfliktfrei und schwärmerisch wie dieser erste. Oft kolportiert wird ein Besuch der Arnims im Jahre 1811, bei dem Bettine und Christiane von Goethe eine heftige Auseinandersetzung hatten. Christiane soll Bettine (wahrscheinlich aus Eifersucht) geohrfeigt haben, ihr die Brille von der Nase gerissen und wütend darauf herumgestampft haben.

Die schwangere Bettine von Arnim soll ihr voller Zorn die wenig schmeichelhaften Worte: »Sie wahnsinnige Blutwurst« hinterhergerufen haben.

Goethe mußte nun aber Flagge zeigen – jetzt war er es, der Maxes Tochter (und ihrem Mann) das Haus verbot. Der Dichter hatte sich lange genug in der Zuneigung des romantischen Kobolds gesonnt. In Böhmen soll es sogar (1810 in Teplitz) zu einer erotischen Szene mit der angebeteten Vaterfigur gekommen sein, die Bettine, in der ihr eigenen Stilisierung, gefühlvoll beschreibt: »Es war in der Abenddämmerung im heißen Augustmonat. Er saß am offenen Fenster. Ich stand vor ihm, der Blick scharf ihm ins Auge gedrückt, wie ein Pfeil, blieb drin haften. Vielleicht weil er's nicht länger ertragen mochte, fragte er, ob mir nicht warm sei. Ich nickte. ›So laß doch die Kühlung Dich anwehen‹, sagte er und öffnete meine Kleidung. Ich ward rot. Er sagt: ›Das Abendrot hat sich auf Deine Wangen eingebrannt‹, und küßt mich auf die Brust und senkt die Stirne drauf. ›Kein Wunder!‹ sagt' ich ganz leise, ›meine Sonne geht mir im eignen Busen unter.‹ Er sah mich an, und wir waren beide still eine Weile. Er fragt': ›Hat Dir nie jemand den Busen berührt?‹ – ›Nein‹, sagt' ich, ›mir selbst ist's so fremd, daß Du mich anrührst.‹ – Heftige Küsse.«[8]

Die Beurteilung der Bettine darf nicht bei ihren ›Sturm und Drang‹-Jahren stehenbleiben; sie ist es, die sich später beispielsweise für die Gebrüder Grimm einsetzt, die (1837) wegen der Willkür des Königs von Hannover (Aufhebung der Verfassung von 1833) zusammen mit fünf anderen Professoren ihre Stellen verlieren. Bettine wendet sich sogar an den Kronprinzen in dieser Angelegenheit, schaltet Schwager Savigny, den späteren Justizminister (1842) ein, und ihr Engagement ist bewundernswert. Mit ihrer Schrift ›Dies Buch gehört dem König‹ versucht sie Friedrich Wilhelm IV. die Idee eines Volkskönigstums schmackhaft zu machen; sie kümmert sich um soziale Mißstände in Berlin und in Schlesien und setzt sich, wo immer sie kann, für Minderheiten und Unterprivilegierte ein.

Ihre Beharrlichkeit, ihr soziales Engagement, ihr ständiges Einmischen hat sie in dieser Zeit mit Germaine de Staël gemein, die sich auch stets für die Belange anderer einsetzte, und die sich auch (durchaus zu ihrem eigenen Nachteil) ständig ›einmischte‹, besonders, wenn sie Ungerechtigkeit, Intoleranz und Unterdrückung witterte. Hier sind sich beide Frauen durchaus ähnlich, wobei Bettine allerdings nach ihren ›Koboldjahren‹ dazu erst reifen mußte – zwei engagierte Frauen, die sich selbst in ihren Widersprüchlichkeiten noch gleichen.

Lästig und aufdringlich allerdings konnten sie beide sein.

Bettines Temperament kannte oft keine Grenzen; der ruhige Achim von Arnim konstatierte ›Feuer und Magnetismus‹ als beherrschende Elemente der Familie Brentano. Schon als er Bettine kennenlernte, schrieb er an ihren Bruder Clemens: »Ich habe einmal Deine ganze Familie aus der Verbindung von Feuer und Magnetismus konstruiert; Bettine ist die höhere Vereinigung von beiden.«

Goethe, lange genug angezogen von ihr, wurde ihrer nach und nach jedoch überdrüssig; später (1826) stöhnt er sogar – ».. . diese leidige Bremse ist mir als Erbstück von meiner guten Mutter schon viele Jahre sehr unbequem.«

Doch davon war bei diesem ersten Besuch[9] im Jahre 1807 nichts zu spüren, rein gar nichts.

Am 5. Mai 1807

Liebe Frau Rat.

Eine Schachtel wird Ihr mit dem Postwagen zukommen, beste Frau Mutter, darin sich eine Tasse befindet; es ist das sehnlichste Verlangen, Sie wiederzusehen, was mich treibt, Ihr solche unwürdige Zeichen meiner Verehrung zu senden. Tue Sie mir den Gefallen, Ihren Tee frühmorgens draus zu trinken, und denk Sie meiner dabei. – Ein Schelm gibt's besser, als er's hat.

Den Wolfgang hab ich endlich gesehen; aber ach, was hilft's? Mein Herz ist geschwellt wie das volle Segel eines Schiffs, das fest vom Anker gehalten ist am fremden Boden und doch so gern ins Vaterland zurück möchte.

Adieu, meine liebe gute Frau Mutter, halt Sie mich lieb.

Bettine Brentano

Goethes Mutter an Bettine

Am 11. Mai 1807

Was läßt Du die Flügel hängen? Nach einer so schönen Reise schreibst Du einen so kurzen Brief und schreibst nichts von meinem Sohn, als daß Du ihn gesehen hast; das hab ich auch schon gewußt, und er hat mir's gestern geschrieben. Was hab ich von Deinem geankerten Schiff? Da weiß ich soviel wie nichts. Schreib doch, was passiert ist. Denk doch, daß ich ihn acht Jahre nicht gesehen hab und ihn vielleicht nie wieder seh; wenn Du mir nichts von ihm erzählen willst, wer soll mir' dann erzählen? – Hab ich nicht Deine alberne Geschichten hundertmal angehört, die ich auswendig weiß, und nun, wo Du etwas Neues erfahren hast, etwas einziges, wo Du weißt, daß Du mir die größte Freud machen könntest, da schreibst Du nichts. Fehlt

62

Dir denn was? – Es ist ja nicht übers Meer bis nach Weimar. Du hast ja jetzt selbst erfahren, daß man dort sein kann, bis die Sonne zweimal aufgeht. – Bist Du traurig? – Liebe, liebe Tochter, mein Sohn soll Dein Freund sein, Dein Bruder, der Dich gewiß liebt, und Du sollst mich Mutter heißen in Zukunft für alle Täg, die mein spätes Alter noch zählt, es ist ja doch der einzige Name, der mein Glück umfaßt.

Deine treue Freundin

Elisabeth Goethe

Vor die Tasse bedank ich mich.

Bettine an Goethes Mutter

Am 16. Mai 1807

Ich hab gestern an Ihren Sohn geschrieben; verantwort Sie es bei ihm. – Ich will Ihr auch gern alles schreiben, aber ich hab jetzt immer so viel zu denken, es ist mir fast eine Unmöglichkeit, mich loszureißen, ich bin in Gedanken immer bei ihm; wie soll ich denn sagen, wie es gewesen ist? – Hab Sie Nachsicht und Geduld; ich will die ander Woch nach Frankfurt kommen, da kann Sie mir alles abfragen.

Ihr Kind

Bettine

Ich lieg schon eine Weile im Bett, und da treibt mich's heraus, daß ich Ihr alles schreib von unserer Reise. – Ich hab Ihr ja geschrieben, daß wir in männlicher Kleidung durch die Armeen passierten. Gleich vorm Tor ließ uns der Schwager aussteigen, er wollte sehen, wie die Kleidung uns stehe. Die Lulu sah sehr gut aus, denn sie ist prächtig gewachsen, und die Kleidung war sehr passend gemacht; mir war aber alles zu weit und zu lang, als ob ich's auf dem Grempelmarkt erkauft hätte. Der Schwager lachte über mich und sagte, ich sähe aus wie ein

Savoyardenbube, ich könnte gute Dienste leisten. Der Kutscher hatte uns vom Weg abgefahren durch einen Wald, und wie ein Kreuzweg kam, da wußt er nicht, wohinaus; obschon es nur der Anfang war von der ganzen vier Wochen langen Reise, so hatt ich doch Angst, wir könnten uns verirren und kämen dann zu spät nach Weimar; ich klettert auf die höchste Tanne, und da sah ich bald, wo die Chaussee lag. Die ganze Reise hab ich auf dem Bock gemacht; ich hatte eine Mütze auf von Fuchspelz, der Fuchsschwanz hing hinten herunter. Wenn wir auf die Station kamen, schirrte ich die Pferde ab und half auch wieder anspannen. Mit den Postillions sprach ich gebrochen deutsch, als wenn ich ein Franzose wär. Im Anfang war schön Wetter, als wollt es Frühling werden, bald wurd es ganz kalter Winter; wir kamen durch einen Wald von ungeheuren Fichten und Tannen, alles bereift, untadelhaft, nicht eine Menschenseele war des Wegs gefahren, der ganz weiß war; noch obendrein schien der Mond in dieses verödete Silberparadies, eine Totenstille – nur die Räder pfiffen von der Kälte. Ich saß auf den Kutschersitz und hatte gar nicht kalt; die Winterkält schlägt Funken aus mir; – wie's nah an die Mitternacht rückte, da hörten wir pfeifen im Walde; mein Schwager reichte mir ein Pistol aus dem Wagen und fragte, ob ich Mut habe loszuschießen, wenn die Spitzbuben kommen, ich sagte: »Ja«, er sagte: »Schießen Sie nur nicht zu früh.« Die Lulu hatte große Angst im Wagen, ich aber unter freiem Himmel mit der gespannten Pistole, den Säbel umgeschnallt, unzählige funkelnde Sterne über mir, die blitzenden Bäume, die ihren Riesenschatten auf den breiten mondbeschienenen Weg warfen – das alles machte mich kühn auf meinem erhabenen Sitz. – Da dacht ich an *ihn*, wenn der mich in seinen Jugendjahren so begegnet hätte, ob das nicht einen poetischen Eindruck auf *ihn* gemacht haben würde, daß er Lieder auf mich gemacht hätte und mich nimmermehr vergessen. Jetzt mag er anders denken – er wird erhaben sein über einen magischen

Eindruck; höhere Eigenschaften (wie soll ich die erwerben?) werden ein Recht über ihn behaupten. Wenn nicht Treue – ewige, an seine Schwelle gebannt, mir endlich *ihn* erwirbt! So war ich in jener kalten hellen Winternacht gestimmt, in der ich keine Gelegenheit fand, mein Gewehr loszuschießen; erst wie der Tag anbrach, erhielt ich Erlaubnis loszudrücken; der Wagen hielt, und ich lief in den Wald und schoß in die dichte Einsamkeit Ihrem Sohn zu Ehren mutig los, indessen war die Achse gebrochen; wir fällten einen Baum mit dem Beil, das wir bei uns hatten, und knebelten ihn mit Stricken fest; da fand denn mein Schwager, daß ich sehr anstellig war, und lobte mich. So ging's fort bis Magdeburg; präzis sieben Uhr abends wird die Festung gesperrt, wir kamen eine Minute nachher und mußten bis den andern Morgen um sieben halten; es war nicht sehr kalt, die beiden im Wagen schliefen. In der Nacht fing's an zu schneien, ich hatte den Mantel über den Kopf genommen und blieb ruhig sitzen auf meinem freien Sitz; am Morgen guckten sie aus dem Wagen, da hatte ich mich in einen Schneemann verwandelt, aber noch eh sie recht erschrecken konnten, warf ich den Mantel ab, unter dem ich recht warm gesessen hatte. In Berlin war ich wie ein Blinder unter vielen Menschen, und auch geistesabwesend war ich, an nichts konnt ich teilnehmen, ich sehnte mich nur immer nach dem Dunkel, um von nichts zerstreut zu sein, um an die Zukunft denken zu können, die so nah gerückt war. Ach wie oft schlug es da Alarm! – plötzlich unversehens, mitten in die stille Ruhe, ich wußte nicht, von was. Schneller als ich's denken konnte, hatte mich ein süßer Schrecken erfaßt. O Mutter, Mutter! denk Sie an Ihren Sohn; wenn Sie wüßte, Sie sollte ihn in kurzer Zeit sehen, Sie wär auch wie ein Blitzableiter, in den alle Gewitter einschlügen. – Wie wir nur noch wenig Meilen von Weimar waren, da sagte mein Schwager, er wünsche nicht den Umweg über Weimar zu machen und lieber eine andre Straße zu fahren.

Ich schwieg stille, aber die Lulu litt es nicht; sie sagte, einmal wär mir's versprochen, und er müßte mir Wort halten. – Ach Mutter! – das Schwert hing an einem Haar über meinem Haupt, aber ich kam glücklich drunter weg.

In Weimar kamen wir um zwölf Uhr an; wir aßen zu Mittag, ich aber nicht. Die beiden legten sich aufs Sofa und schliefen; drei Nächte hatten wir durchwacht. »Ich rate Ihnen«, sagte mein Schwager, »auch auszuruhen; der Goethe wird sich nicht viel draus machen, ob Sie zu ihm kommen oder nicht, und was Besondres wird auch nicht an ihm zu sehen sein.« Kann Sie denken, daß mir diese Rede allen Mut benahm? – Ach, ich wußte nicht, was ich tun sollte, ich war ganz allein in der fremden Stadt; ich hatte mich anders angekleidet, ich stand am Fenster und sah nach der Turmuhr, eben schlug es halb drei. – Es war mir auch so, als ob sich Goethe nichts draus machen werde, mich zu sehen; es fiel mir ein, daß ihn die Leute stolz nennen; ich drückte mein Herz fest zusammen, daß es nicht begehren solle; – auf einmal schlug es drei Uhr. Und da war's doch auch grad, als hätte er mich gerufen, ich lief hinunter nach dem Lohnbedienten, kein Wagen war da, eine Portechaise? »Nein«, sagt ich, »das ist eine Equipage fürs Lazarett.« Wir gingen zu Fuß. Es war ein wahrer Schokoladenbrei auf der Straße, über den dicksten Morast mußte ich mich tragen lassen, und so kam ich zu Wieland, nicht zu Ihrem Sohn. Den Wieland hatte ich nie gesehen, ich tat, als sei ich eine alte Bekanntschaft von ihm, er besann sich hin und her und sagte: »Ja, ein lieber bekannter Engel sind Sie gewiß, aber ich kann mich nur nicht besinnen, wann und wo ich Sie gesehen habe.« Ich scherzte mit ihm und sagte: »Jetzt hab ich's herausgekriegt, daß Sie von mir träumen, denn anderswo können Sie mich unmöglich gesehen haben.« Von ihm ließ ich mir ein Billett an Ihren Sohn geben, ich hab es mir nachher mitgenommen und zum Andenken aufbewahrt; und hier schreib ich's Ihr ab.

Das Arbeitszimmer: ». . . als habe er es gerade verlassen.«

»Bettina Brentano, Sophiens Schwester, Maximilianes Tochter, Sophie La Rochens Enkelin wünscht Dich zu sehen. l. Br . . und gibt vor, sie fürchte sich vor Dir, und ein Zettelchen, das ich ihr mitgebe, würde ein Talisman sein, der ihr Mut gäbe. Wiewohl ich ziemlich gewiß bin, daß sie nur ihren Spaß mit mir treibt, so muß ich doch tun, was sie haben will, und es soll mich wundern, wenn Dir's nicht ebenso wie mir geht.

Den 23. April 1807   W.«

Mit diesem Billett ging ich hin, das Haus liegt dem Brunnen gegenüber; wie rauschte mir das Wasser so betäubend – ich kam die einfache Treppe hinauf, in der Mauer stehen Statuen von Gips, sie gebieten Stille. Zum wenigsten ich könnte nicht laut werden auf diesem heiligen Hausflur. Alles ist freundlich und doch feierlich. In den Zimmern ist die höchste Einfachheit zu Hause, ach so einladend! Fürchte dich nicht, sagten mir die bescheidnen Wände, er wird kommen und wird sein, und nicht *mehr* sein wollen wie du – und da ging die Tür auf, und da stand er feierlich ernst und sah mich unverwandten Blickes an; ich streckte die Hände nach ihm, glaub ich – bald wußt ich nichts mehr, Goethe fing mich rasch auf an sein Herz. *»Armes Kind, hab ich Sie erschreckt«*, das waren die ersten Worte, mit denen seine Stimme mir ins Herz drang; er führte mich in sein Zimmer und setzte mich auf das Sofa gegen sich über. Da waren wir beide stumm, endlich unterbrach er das Schweigen: »Sie haben wohl in der Zeitung gelesen, daß wir einen großen Verlust vor wenigen Tagen erlitten haben durch den Tod der Herzogin Amalie.« – »Ach!« sagt ich, »ich lese die Zeitung nicht.« – »So! – Ich habe geglaubt, alles interessiere Sie, was in Weimar vorgehe.« – »Nein, nichts interessiert mich als nur Sie, und da bin ich viel zu ungeduldig, in der Zeitung zu blättern.« – »Sie sind ein freundliches Kind.« – Lange Pause – ich auf das fatale Sofa gebannt, so ängstlich. Sie weiß, daß es mir unmöglich ist, so wohlerzogen da zu sitzen. – Ach Mutter! Kann man sich selbst so überspringen? – Ich sagte plötzlich: »Hier auf dem Sofa kann ich nicht bleiben«, und sprang auf. – »Nun!« sagte er, »machen Sie sich's bequem«; nun flog ich ihm an den Hals, er zog mich aufs Knie und schloß mich ans Herz. – Still, ganz still war's, alles verging. Ich hatte so lange nicht geschlafen; Jahre waren vergangen in Sehnsucht nach ihm – ich schlief an seiner Brust ein; und da ich aufgewacht war, begann ein neues Leben. Und mehr will ich Ihr diesmal nicht schreiben.

Bettine

Bettine in Kassel an Goethe in Jena,
Anfang Dezember 1807

Warum muß ich denn wieder schreiben? Einzig um wieder mit Dir allein zu sein, so wie ich gern kam in Weimar, um mit Dir allein zu sein, zu sagen hab ich nichts. Damals hatte ich auch nichts zu sagen, aber ich hatte Dich anzusehen und innig froh zu sein, und war Bewegung in meiner ganzen Seele.

– Und wenn ein Dritter meine Briefe sähe, der würde sagen, hier ist einzig von Liebe die Rede, es ist ein Herz voll Liebe, das hier geschrieben hat, es ist ihm nicht mehr zu helfen. –

Ist dem zu helfen, der die Augen einmal ins Leben aufgeschlagen hat? – Er ist geboren und muß die Welt anschauen mit Schlechtem und Rechtem, bis in den Tod. – Selig, wer beim ersten Blick gleich das Herrlichste erblickt und es so fest anblickt, daß kein Lärm und fremder Schein ihn abzuwenden vermag. Bin ich zu tadeln, Herr meiner Seele; soll von Liebe nicht die Rede sein? so muß ich wahrlich verstummen, denn ich weiß nichts anders.

So wie der Freund Anker löst nach langer Zögerung und endlich scheiden muß; ihm wird die letzte Umarmung, was ihm hundert Küsse und Worte waren, ja mehr noch, ihm werden die Ufer, die er in der Entfernung ansieht, was ihm der letzte Anblick war, und wenn nun endlich auch das blaue Gebirg verschwindet, so wird ihm seine Einsamkeit, seine Erinnerung alles, so ist das treue Gemüt beschaffen, das Dich lieb hat, das bin ich! die Dir von Gott gegeben ist, als ein Damm, über welchen Dein Herz nicht mit dem Strom der Zeit schwimmen soll, sondern ewig jung in Dir bleibt und ewig geübt in der Liebe –

Und wenn Du stehst als ein Gott auf dem Altar und wenn sie alle rufen, Du bist herrlich! herrlich! wir opfern Dir; und wenn Dein Sinn wäre von Stein wie Dein Bildnis, so müßte ich doch rufen, umarme mich, weißer Carrarischer Stein

Bettine

Savigny reist morgen nach Frankfurt, ich bleibe noch drei Wochen hier, werde also in Kommissionen nicht so bald ausrichten können, es wird jedoch nichts vergessen werden. Grüß alles, was Du lieb hast, von mir, und dann mich vorzüglich.

Bettine

Goethe an Bettine

I

Ein Strom entrauscht umwölktem Felsensaale
Dem Ozean sich eilig zu verbinden,
Was auch sich spiegeln mag von Grund zu Gründen
Er wandelt unaufhaltsam fort zu Tale.

Doch stürzt sich Oreas mit einem Male,
Ihr folgen Berg und Wald in Wirbelwinden,

Herab zur Flut, Behagen dort zu finden,
Und hemmt den Lauf, begrenzt die weite Schale.

Die Welle sprüht und staunt zurück und weichet
Und schwillt bergan, sich immer selbst zu trinken,
Gehemmt ist nun zum Vater hin das Streben.

Sie schwankt und ruht, zum See zurückgedeichet.
Gestirne, spiegelnd sich, beschaun das Blinken
Des Wellenschlags am Fels ein neues Leben.

III

War unersättlich nach viel tausend Küssen
Und mußt mit Einem Kuß am Ende scheiden.
Bei solcher Trennung herbempfundnem Leiden
War mir das Ufer, dem ich mich entrissen,

Mit Wohnungen, mit Bergen, Hügeln, Flüssen
Solang ichs deutlich sah, ein Schatz der Freuden,
Zuletzt im Blauen blieb ein Augenweiden
An fern entwichnen lichten Finsternissen.

Und endlich als das Meer den Blick umgrenzte
Fiel mirs zurück ins Herz mein heiß Verlangen,
Ich suchte mein Verlornes gar verdrossen.

Da war es gleich als ob der Himmel glänzte;
Mir schien als wäre nichts mir, nichts entgangen,
Als hätt ich alles was ich je genossen.

Wer auf der ganzen Welt weiß es, wie ich Dich achte und liebe und ehre, als ich allein? Ich bin glücklicher jetzt im Andenken der Vergangenheit, als ich damals in der Gegenwart war, meine eifrige Liebe hatte so schnell eindringend Wolken gesammelt an meinem Himmel, und er mußte durch meine zu große Nähe zugleich meinen Schatten aufnehmen, so wie er auch immer dunkler ist, wo er an die Erde grenzt, jetzt in der Entfernung wird er mir so mild, so hoch und klar.

Ich möchte Deine liebe Hand mit meinen beiden an mein Herz drücken und Dir sagen, wie hier und dort ich Dich immer lieben werde, wie Friede und Fülle über mich gekommen ist, seitdem ich Dich weiß. – Ich weiß, daß es nicht der Abend ist, der mir jetzt ins Leben herein dämmert; wenn das wäre, so würden sich alle meine Wünsche und Freuden an Dir hinaufbilden, daß Du mit überdeckt wärest und bekränzt wie mit immer grünem Laub. Ich werde noch oft mit leichtem Herzen Scherz und Lust durchwühlen, ich werde mich müde tummeln, so wie ich in meiner Kindheit mich aus Übermut auf den blühenden Feldern herumwälzte und alles zusammen drückte, und die Blumen mit den Wurzeln ausriß, um sie ins Wasser zu werfen, – aber auf süßem warmem festem Ernst will ich ausruhen, und der bist Du –

Ich sag es noch einmal, wer weiß es auf der weiten Erde, wer kann es begreifen? wie ich Dich innig verehre und liebe, und wie ich so ruhig in Dir bin, als ich ganz allein? Ich könnte wie die Berge Nächte und Tage in die Vergangenheit tragen, ohne nur zu zucken in Deinem Andenken. Wenn aber der Wind zuweilen von der ganzen blühenden Welt den Duft und Samen zusammenträgt, und ihn auf der Berge Wipfel hängt, so werden sie auch berauscht, so wie ich gestern, da hab ich die Welt geliebt, da war ich selig, wie eine aufsprudlende Quelle, in die die Sonne zum erstenmal scheint; leb wohl, Du guter großer herrlicher Freund, ich steh auf einem Fels in meiner Liebe, auf den ich mit Lebensgefahr gekommen bin, ans Herunterklettern ist gar nicht zu denken, da bräche ich auf allen Fall den Hals.

Bettine

Gestern hab ich hinterm Ofen gesessen auf der Erd, und *Arnim* auch ganz allein, da haben wir viel von Dir gesprochen, er ist wie ein Kind, er will Dich mit mir lieb haben ewig.

Und so weit hatte ich gestern geschrieben, saß heute morgen auf dem Sessel und las still und andächtig in Karls des Großen Jugendjahren, ohne nur mich zu bewegen, denn ich wurde dabei gemalt, so wie Du mich bald sehen sollst, da brachte man mir das blaue Couvert, und ich brach auf, und fand mich darin in göttlichem Glanz wiedergeboren, und zum erstenmal glaubte ich an meine Seligkeit. – Was will ich denn? Ich begreife mich oft nicht, jeder Lärm ist mir zuwider, ich wollt es wär still in der Welt, es gäb nichts mehr außer mir. (Dem *Arnim* machte ich ein Bett von Rosen und ließ ihn im Mondschein schlafen, und ließ ihm alle Ruhe angedeihen.) Dich wollte ich oft und warm ansehen, wollte Dich begleiten in Dein stilles Haus, und wollte Dich ausfragen über Dein ehmaliges und jetziges Leben, so wie ich Dein Angesicht ausgefragt hab über seine vorige und jetzige Schönheit, auf der Bibliothek da konnte ich nicht umhin mich zu Deiner jungen Büste auf zuschwingen, und meinen Schnabel gleichsam wie eine junge Nachtigall daran zu wetzen, Du breiter voller Strom, wie Du damals durch die üppige Gegenden der Jugend durchbraustest, und jetzt eben ganz still durch Deine Wiesen zogst. Ach und ich stürzte Dir Felssteine vor, und wie Du wieder Dich auftürmtest, wahrlich es war nicht zu verwundern, denn ich hatte mich tief eingewühlt.

Siehst Du! ich spreche heute ernster mit Dir als je, und weil

Du jung bist und herrlich, und herrlicher wie alle, so wirst Du mich auch verstehen. Ich bin ganz sanft geworden durch Dich, am Tag treib ich mich mit Menschen, mit Musik und Büchern herum, abends sehe ich den *Arnim,* und unter unsern Gesprächen rauscht die Flut meiner Liebe gewaltsam in mein Herz, ich hab ihn gelehrt, wie man Dich lieben soll, und war am Ende erstaunt, wie er geübt war, ja wie er es beinah besser kann, als ich es ihm sagen konnte. Wie kommt Dir das alles vor, gelt närrisch, gelt Du meinst – aber ich hab dich einzig lieb – *in der Art.* Den Tag als ich Abschied nahm von Dir mit dem einen Kuß, *mit dem ich nicht schied von Dir,* da war ich morgens beinah eine ganze Stunde allein im Zimmer, wo das Klavier steht. Da saß ich auf der Erd im Eck, und dachte, es geht nicht anders, Du mußt auch einmal weinen, und Du warst ganz nah und wußtest es nicht, und ich weinte mit lachendem Munde, denn mir schaute das feste grüne Land durch den trübsinnigen Nebel durch, Du kamst, und ich sagte Dir recht kurz (und ich schränkte mich recht ein dabei, im Streicheln und Küssen,) wie Du mir wert seist.

Ich frag Dich, bist Du nicht wieder ganz jung bei mir? oder soll ich mehr als wahr sein? soll ich täuschend wahr sein? –

Bettine

Morgen reis ich nach Frankfurt, da will ich der Frau Mutter alle mögliche Sorgfalt angedeihen lassen und will sie verehren, denn »Selig ist der Leib, der Dich getragen hat« pp

1811
SULPIZ BOISSERÉE

❧ Schon der Name, schreibt Sulpiz Boisserée in den Fragmenten seiner Autobiographie, errege »gewöhnlich die Vermutung, wir seien von französischem Ursprung, dem ist aber eigentlich nicht so, denn die Eltern unseres Vaters stammten aus dem Lütticher Land«.[1]

Ein reicher, kinderloser Onkel hatte seinen Vater veranlaßt, nach Köln zu ziehen, »wo er ihn an seinen Handelsgeschäften Teil nehmen ließ, und ihn dann zum Haupterben einsetzte«.[2]

Sulpiz Boisserée verlor schon früh beide Eltern; während einer kaufmännischen Ausbildung in Köln und Hamburg ist er ständig bemüht, sich durch ›Privatlektionen‹ weiterzubilden. Wieder in Köln, lernt er Johann Baptist Bertram kennen, der Jura in Erlangen studiert hatte. Mit ihm und dem Bruder Melchior wird er später die einzigartige Kunstsammlung zusammentragen, die den ›Altniederländern‹ und den ›Altdeutschen‹ den Vorzug gab.

1803 reisen die drei nach Paris, sehen die großen Paraden des ›Ersten Consuls‹ im Hof der Tuilerien, bemerken auch die Spuren der Revolution, die Inschriften an den Wänden: Liberté, Egalité, ou la mort!

Sie beschließen, auch beeinflußt durch eine Erkrankung Sulpiz', den ganzen Winter in Paris zu bleiben, um bei Friedrich Schlegel Privatvorlesungen zu hören. Ende April 1804 kehrt Schlegel mit ihnen nach Köln zurück, wo er eine Anstellung bekommt und öffentliche Vorträge über Geschichte und Literatur hält. Schon in dieser Zeit beginnen die drei zu sammeln, Sulpiz, Melchior und Freund Bertram; zunächst sind es Zufallskäufe »in jener Zeit der Umwälzung«, erst nach und nach wird es eine regelrechte Sammelleidenschaft. Daneben wird für Sulpiz die Vollendung des Kölner Doms zu einem zentralen Anliegen seines Lebens. Boisserée interessiert Goethe für seine Ziele, und Goethe berichtet schließlich in ›Kunst und Altertum‹ über die Sammlung und macht sie damit bekannt.

Die Sammlung wurde später nach Heidelberg gebracht, kam dann an den Stuttgarter Hof, bis sie 1827 von König Ludwig I. von Bayern erworben wurde (Alte Pinakothek). 1810 schreibt Boisserée an Goethe, schickt ihm Zeichnungen des Kölner Doms, erläutert die Baugeschichte, erwähnt geschickt auch den ›Münsterthurm zu Straßburg‹ und vergißt nicht, auf seine Sammlung hinzuweisen.

Goethe läßt ihm (über den Minister Reinhard) mitteilen, »daß der Grundriß des Domes zu Köln, wie er hier vorliegt, eines der interessantesten Dinge ist, die mir seit langer Zeit in architektonischer Hinsicht vorgekommen«.[3]

Ganz nebenbei hält Goethe das Unternehmen allerdings für unausführbar und meint, man sehe bei »stiller Betrachtung das Mährchen vom Thurme zu Babel an den Ufern des Rheines verwirklicht«.[4]

Goethe erwähnt seine eigene »Abgötterei mit dem Straßburger Münster«, und Sulpiz Boisserée hat es geschafft, er hat Goethe ›gefangen‹. Goethe lädt ihn ein; aber erst im nächsten Jahr, im Mai 1811, kommt es zu einem ersten Besuch Boisserées in Weimar.

Sulpiz an Melchior Boisserée in Heidelberg

Weimar, Freitag den 3. Mai 1811.
Ich komme eben von Goethe, der mich recht steif und kalt empfing, ich ließ mich nicht irre machen und war wieder gebunden und nicht unterthänig. Der alte Herr ließ mich eine Weile warten, dann kam er mit gepudertem Kopf, seine Ordensbänder am Rock; die Anrede war so steif vornehm als möglich. Ich brachte ihm eine Menge Grüße: »recht schön sagte er.« Wir kamen gleich auf die Zeichnungen, das Kupferstichwesen, die Schwierigkeiten, den Verlag mit Cotta und alle

die äußern Dinge. Ja, ja, schön, hem, hem. Darauf kamen wir an das Werk selbst, an das Schicksal der alten Kunst und ihre Geschichte. Ich hatte mir einmal vorgenommen, der Vornehmigkeit eben so vornehm zu begegnen, sprach von der hohen Schönheit und Vortrefflichkeit der Kunst im Dom so kurz als möglich, verwies ihn darauf, daß er sich durch die Zeichnungen ja selbst davon überzeugt haben würde, – er machte bei allem ein Gesicht, als wenn er mich fressen wollte. Erst als wir von der alten Malerei sprachen, thaute er etwas auf, bei dem Lob der neugriechischen Kunst lächelte er; er fragte nach Eyck, bekannte, daß er noch nichts von ihm gesehen hatte, fragte nach den Malern zwischen ihm und Dürer und nach Dürers Zeitgenossen in den Niederlanden; daß wir gerade so schöne Bilder hätten, weil überhaupt die Kunst in Niederland viel edler und gefälliger als im übrigen Deutschland gewesen, leuchtete ihm ein; ich war in allen Stücken so billig wie Du mich kennst, aber auch so bestimmt und frei wie möglich und ließ mich gar nicht irre machen durch seine Stummheit oder sein ja, ja, schön, merkwürdig. Ich gab großmüthig meine Gedanken über den Gang der Malerei durch die Einwirkung von Eyck zum Besten, jedoch mit aller Vorsicht, zugleich aber ließ ich nicht undeutlich merken, daß man eben bei der noch ganz frischen Entdekkung, die wir das Glück gehabt zu machen, seine Gedanken noch nicht gerne ausspreche; ich gab sie auch nur in allgemeinen Zügen, das ließ er sich alles sehr wohl und behaglich einlaufen. Endlich war von Reinhard die Rede, das Gespräch führte zu unserm gemeinschaftlichen Besitz vom Apollinarisberg, von seinen Verhältnissen zur Regierung, zu seiner Frau, so daß ziemlich das Wesentlichste berührt wurde, das machte den alten Herrn freundlicher, das Lächeln wurde häufiger, er lud mich auf morgen zu Tisch; erinnerte mich noch zum Erbprinzen zu gehen, ich müßte den Herrschaften die Zeichnungen zeigen, er wolle Alles schon einleiten.

Ich kündigte ihm Cornelius Zeichnungen an, das gefiel ihm, ich schickte sie ihm nach Tisch; ich wollte ihm nur mit ein paar Worten sagen, daß sie in altdeutschem Styl seyen, aber er wurde abgerufen; es kam ein anderer Besuch, er gab mir einen oder zwei Finger, recht weiß ich es nicht mehr, aber ich denke, wir werden es bald zur ganzen Hand bringen. Als ich durchs Vorzimmer ging, sah ich ein kleines, dünnes, schwarz gekleidetes Herrchen in seidenen Strümpfen, mit ganz gebücktem Rücken zu ihm hinein wandeln, da wird er wohl seine Vornehmigkeit haben brauchen können! Ist es ein Wunder, wenn ein Mensch, der sein ganzes Leben hindurch von Schmeichlern und Bewunderern umringt, und von Klein und Groß wie ein Stern erster Größe angestaunt und gepriesen wird, am Ende auf solche hoffärtige Sprünge kommt, die aber auch gleich aufhören, sobald ihm Jemand gegenüber steht, der zwar das eminente Verdienst hochachtet, seinem eigenen Werth aber nicht Alles vergibt.

Den 6. Mai 1811.

Mit dem alten Herrn geht mirs vortrefflich, bekam ich auch den ersten Tag nur einen Finger, den andern hatte ich schon den ganzen Arm. Vorgestern, als ich eintrat, hatte er die Zeichnungen von Cornelius vor sich. Da sehen Sie einmal, Meyer, sagte er zu diesem, der auch herein kam, die alten Zeiten stehen leibhaftig wieder auf! Der alte kritliche Fuchs murmelte (ganz wie Tieck ihn nachmacht, ohne die geringste Übertreibung), er mußte der Arbeit Beifall geben, konnte aber den Tadel über das auch angenommene Fehlerhafte in der altdeutschen Zeichnung nicht verbeißen. Goethe gab das zu, ließ es aber als ganz unbedeutend liegen, und lobte mehr, als ich erwartet hatte. Sogar der Blocksberg gefiel ihm; die Bewegung des Arms, wo Faust ihn der Gretchen bietet, und die Scene in Auerbachs Keller nannte er besonders gute Einfälle. Vor der Technik hatte

Meyer alle Achtung, freute sich, daß der junge Mann sich so heraufgearbeitet habe. Ich gab zu verstehen, daß Cornelius sich über seinen Beifall doppelt freuen würde, weil er bei dem schlechten Licht, worein sich manche Nachahmer des Altdeutschen gesetzt, gefürchtet, diese Art allein würde ihm schon nachtheilig seyn. Gäbe aber nun Goethe etwas Dergleichen Lob, so wäre das um so mehr werth, weil man dabei von der höchsten Unbefangenheit überzeugt sey, und daher könne er auch mit um so besserem Nachdruck und Erfolg die wirklichen Fehler rügen.

Bei Tisch kam die Rede auf allerlei, auf Lezay, auf Reinhard; sie haben der Prinzeß Stephanie ihre Zeichnungen gezeigt, Reinhard hat mir etwas davon verrathen! Ich fragte ihn nach dem Diego von Kettenburg, das ist ein Schillerus redivivus, antwortete er, eine Stimme aus dem Grabe, ganz ohne Kraft und Mark! Je weiter wir ins Essen und Trinken kamen, desto mehr thaute er auf. Nach Tisch wurde auf dem Flügel gespielt, ein Baron Oliva von Wien, Kapellmeister wenn ich recht gehört, trug Einiges vor, es war das kleine, höfliche Männchen von Tags zuvor. In dem Musiksaal hingen Runges Arabesken, oder symbolisch-allegorische Darstellungen von Morgen, Mittag, Abend und Nacht. Goethe merkte, daß ich sie aufmerksam betrachtete, griff mich in den Arm und sagte: Was, kennen Sie das noch nicht? Da sehen Sie einmal, was das für Zeug ist, zum rasend werden, schön und toll zugleich. Ich antwortete: ja ganz wie die Beethovensche Musik, die der da spielt, wie unsere ganze Zeit. Freilich, sagte er, das will Alles umfassen und verliert sich darüber immer ins Elementarische, doch noch mit unendlichen Schönheiten im Einzelnen; da sehen Sie nur, was für Teufelszeug, und hier wieder, was da der Kerl für Anmuth und Herrlichkeit hervorgebracht, aber der arme Teufel hat's auch nicht ausgehalten, er ist schon hin, es ist nicht anders möglich, was so auf der Kippe steht, muß sterben oder verrückt werden, da ist keine Gnade. Ich schreibe Dir dieses Gespräch nur, um Dir die Vertraulichkeit und den schönen Eifer des alten Herrn zu schildern. Du kannst denken, daß es viel mannichfaltiger war und sehr vieles dabei wechselseitig zur Rede kam. Von diesen Blättern selbst kannst Du Dir unmöglich eine Vorstellung machen, sie sind, einmal die Absicht und Art zugegeben, so wunderwürdig schön, wie in unsern Tagen nichts gemacht worden, ich will sie zu kaufen suchen und nach Köln mitbringen. Nachher kamen wir auf die Philosophie, auf Deutschland, auf unsere Aussichten auf deutsche Bildung zu sprechen. Er sagte: sie glauben nicht, für uns Alte ist es zum toll werden, wenn wir da, so um uns herum die Welt müssen vermodern und in die Elemente zurückkehren sehen, daß, weiß Gott wann, ein neues daraus erstehe! Und doch, sagte ich, ist es noch der einzige Trost, daß wir Jungen, als Leichenträger, gleichsam das Bessere, was in der Pest noch übrig bleibt, die alten Schätze der Bildung zu retten suchen, und mit der Zeit, vielleicht erst in unsern Enkeln die Schulmeister und so auch die Herren der jungen Völker werden, die uns einst beherrschen sollen, alle anderen Hoffnungen und Bestrebungen sind leer. Was sie da aussprechen – das ist das rechte, sagte er, aber die Dinge so anzusehen, dazu gehört Charakter, denn zur Resignation gehört Charakter. – Es ist natürlich nicht möglich, solche Gespräche in ihrer ganzen Folge wieder zu geben, zumal nicht in der Eile, in der ich schreiben muß, denn gleich geht die Post ab, ich zeichnete Dir nur Einiges von den allgemeinsten Zügen, wie es mir gerade einfiel. Gestern war er auf dem Lande; heute war ich von eilf Uhr an wieder bei ihm, bis spät Nachmittags. Er hatte den Baumeister Stieler gebeten, der mir ein Portefeuille mit der neugriechischen Klosterkirche von Paulinzell hier in der Nähe vorlegte, ich holte meine neugriechischen Sachen, das gefiel dem alten Herrn Alles sehr wohl, wir sprachen sehr viel und ausschließend über das alte Bauwesen, Meyer und

Riemer waren recht fleißig dabei, nach ihrer Art. Das Bauwesen, besonders die Grundrisse von den kölnischen Thürmen, die zufällig zwischen den neugriechischen Kirchen gelegen, hatten die ganze Aufmerksamkeit von Goethe auf sich gezogen, und als ich fortgehen wollte, sagte er mir (was ich eben selbst fordern wollte): »Hören Sie, wir müssen die Sache einmal recht mit Ernst betreiben, ich will morgen um eilf Uhr zu Ihnen kommen, daß wir einmal allein sprechen können, wir müssen die Zeit nutzen, so lange wir beisammen sind, mündlich und die Zeichnungen zur Hand, versteht man sich erst recht.« – Du kannst Dir denken, daß ich nun ganz offenherzig und ehrlich mit Freuden- und Ehrenbezeugungen heraus rückte, die ihm sehr angenehm seyn mußten, indessen lehnte ich es ab, daß er zu mir käme; ich schicke mein großes Portefeuille morgen zu ihm, wir wohnen nur ein paar Schritte von einander und da werden wir wohl eine gute Nuß zusammen knacken.

Von Quaglio habe ich endlich einen Brief, daß die Zeichnungen am ersten Mai abgegangen, ich warte mit Ungeduld darauf, denn der Hof verlangt sehr darnach und Goethe reist Ende der Woche ab. Frau von Stein habe ich nicht zu Hause gefunden.

Grüß Euch Gott

Euer S.

Sulpiz Boisserée an Bertram

Weimar, Freitag am 10. Mai 1811.
Ich deute Dir hier mit den wenigen Worten, die ich Dir auf Deinen Brief antworte, schon genug an, wie weit ich seit Montag mit dem alten Herrn gekommen bin: doch muß man über solchen augenblicklichen Anwandlungen jugendlicher Begeisterung nicht vergessen, daß es ein alter Herr ist, von dem eine so recht thätige Theilnahme nie zu erwarten steht.

Alle Einwendungen des Alten gegen die eigene vaterländische Erfindung der gothischen Baukunst verstummen, und Alles, was er wegen dem Straßburger Münster zu sagen hatte, ließ er bald fallen. Er brummte am Dienstag, als ich bei ihm mit den Zeichnungen allein war, wirklich zuweilen wie ein angeschossener Bär, man sah, wie er in sich kämpfte und mit sich zu Gericht ging, so Großes je verkannt zu haben.

Die Vergleichung mit dem Straßburger Münster führte uns vor Allem auf die Thürme, je tiefer wir da in die Untersuchung kamen, desto höher stieg sein Erstaunen.

[. . .]

Am Mittwoch fand ich ihn Morgens im Garten, wir sprachen über Cornelius, er hatte ihm geschrieben und ihn recht gelobt, ihm aber zu verstehen gegeben, daß er bei altdeutschem Geist, Tracht u.s.w. mehr Freiheit in der Behandlung selber wünsche und hatte ihn an Dürers Gebetbuch verwiesen. Er fragte, ob ich dem nicht Beifall gäbe? Du kannst denken, daß das ganz willig geschah, ich aber meinen Tadel über vieles andere von Dürer bündig hinzu fügte. [. . .]

Aus dem Tagebuch

Nachmittags nach Tisch saßen wir allein, er lobte recht mit aller Wärme und allem Gewicht meine Arbeit. Ich hatte das erhebende Gefühl des Siegs einer großen, schönen Sache, über die Vorurtheile eines der geistreichsten Menschen, mit dem ich in diesen Tagen recht eigentlich einen Kampf hatte bestehen müssen, ich hätte ihn gewiß nicht errungen, wäre ich nicht durch so genaue Bekanntschaft mit meinem Gegner, mit dessen Gesinnungen ich besonders durch Reinhard sehr vertraut war, gar trefflich vorbereitet gewesen. Ich gewann hauptsächlich dadurch – was auch meiner eigenen innersten Neigung und

Überzeugung am gemäßesten ist, – daß ich rein die Sache wirken ließ, und immer nur auf die Gelegenheit bedacht war, wann ich sie am besten wirken lassen konnte, er äußerte sich auch ganz dem gemäß über das Werk. Ja, was Teufel, man weiß da, woran man sich zu halten hat; die Gründlichkeit und Beharrlichkeit, womit die Sache bis ins Kleinste verfolgt ist, zeigt, daß es lediglich nur um die reine Wahrheit, und nicht darum zu thun, zu wirken um Aufsehen zu erregen. Ich fühlte die uns im Leben so selten beschiedene Freude, einen der ersten Geister von einem Irrthum zurückkehren zu sehen, wodurch er an sich selber untreu geworden war; es konnte keinen wohlthätigern, wahren Beifall für mich geben; ich sagte ihm, wie ich es erkenne, wie hoch ich den Beifall schätze, von ihm, der diese Kunst gewissermaßen, ein für allemal abgefertigt gehabt, wie sehr mich eine so ernste, wahrhafte Erkenntniß meines Strebens in der Sache entschädige, für den oft schmerzhaften, nie aber das Herz erfreuenden, leider unentbehrlichen Beifall der großen Welt, zumeist der Fürsten, die gewöhnlich jedem Hanswurst und Schauspieler denselben schenken.

Ich sprach wie eben meine Stimmung mir es eingab, ich weiß nicht wie ich die Worte setzte, sie mußten meine Bewegung kund geben, denn der Alte wurde ganz gerührt davon, drückte mir die Hand und fiel mir um den Hals, das Wasser stand ihm in den Augen.

Das Juno-Zimmer: »Ein mächtiger Kopf beherrscht den Raum.«

Gestern aß ich wieder bei ihm, denn ich esse nun alle Tage mit ihm, und ich brachte die Rede auf die Schlegel. Er hatte sich in den ersten Tagen freundlich nach Friedrich bei mir erkundigt über unsere Verhältnisse mit ihm, und hatte sich recht gut aber kurz über ihn geäußert; jetzt wollte ich einmal näher wissen, wie er dachte. Da kam nun leider eine schwache Seite zum Vorschein, gemischter Neid und Stolz des furchtsamen Alters, er schalt sie unredlich, und alles was ich mit Mäßigung, doch mit Bestimmtheit in Rücksicht Friedrichs, an den mich hauptsächlich hielt, dagegen wandte, diente nur dazu, um ihm Erklärungen zu entlocken, die zwar zum Theil gegründet, und mit dem was man Jedem, der Sch. nicht genauer kennt, einräumen muß, zusammen stimmen, indessen blieb eine Menge, und das hauptsächlichste übrig, was sich lediglich auf Persönlichkeiten stützen kann. Alle kleinen Kränkungen: Novalis, das Stillschweigen v. A. W. über die natürliche Tochter u.s.w. wurden angerechnet, und jedes worin sie die Anerkennung seines Werths an den Tag gelegt, als Absicht ausgelegt; sie hätten ihn mehr aus Klugheit, als aus Achtung – den einzigen von den Alten – noch bestehen lassen; alles sei Absicht. Er sagte, wenn er ganz in meine Ansicht eingehe, die sich bei Friedrich mit allem Schein von Unredlichkeit ganz gut vertrüge, ohne sie ihm geringsten zuzugeben, sey das einzige was er da sagen könne, doch immer: wer zu viel unternimmt, muß am Ende ein Schelm werden, mag er sonst so redlich seyn als er will, und damit ließ ich es eben gut seyn. In dem ganzen Gespräch setzte er mein Treiben mit dem Dom, als ein redliches, jenem entgegen, und ich verstand erst noch mehr, was er am Tag vorher gemeint hatte.

Heute vor Tisch haben wir die Zeichnungen wieder bei der Hand gehabt, Quaglios Blätter waren gestern angekommen, die Säulen sind recht schön geworden, und die Straßburger Originalrisse, wurden zuerst aufgemacht. Die Augen öffnen sich dem Alten immer mehr und mehr, wir sprachen wieder recht viel; und bei Tisch äußerte er, es sei ihm leid, daß er die Abreise nicht aufschieben könne, er sehe wohl, die Sache wolle ergründet seyn, und werde immer wichtiger, je mehr man hinein komme. Er reist am Sonntag, morgen früh haben wir große Ausstellung bei Hof. Goethe will, ich soll Kupferstiche, Straßburger Originalrisse, neugriechische Gebäude, alles mit hinnehmen; um es bequem zu haben, verlangte ich, daß er Anstalten zu einer ruhigen Ausstellung treffen solle, Du kannst Dir denken, daß ihm das zugleich auch ganz recht ist. Und so sind denn schon Baumeister, Ebenist, Castellan und allerlei Volks bestellt, um uns morgen die Sachen vorher zu ordnen, damit der Geheimerath Excellenz und meine Wenigkeit unsere gehörigen Erklärungen in Ruhe von uns geben, und die hohen Herrschaften schönstens belehren können?

Gott sey Dank, daß das Wetter wärmer geworden, durch die kalten Tage hat meine Gesundheit etwas gelitten, doch müßt Ihr Euch nichts Schlimmeres, als das gewöhnliche dumpfe Kopfweh und Unbehaglichkeit darunter denken. Den Montag denke ich in Jena zuzubringen, Dienstag in Leipzig zu seyn.

Gott sey mit Euch. Von Leipzig schreibe ich wieder. Adressirt die Briefe nach Dresden. Euer Sulpiz.

Sulpiz Boisserée an Melchior

Leipzig, 15. Mai 1811.
Lieber Melchior! [...] Von Weimar und vom alten Herrn hätte ich noch recht viel zu schreiben, wollte ich Euch Alles erzählen. Das thut sich aber besser mündlich, dafür müssen wir auch was aufsparen, und dann will ich Euch den alten Herrn dabei nachmachen, es ist ein gar wunderlicher Heiliger; es geht mit ihm

wie mit allen eigenthümlichen Menschen, so viel man auch von ihnen weiß und hört, sieht man doch immer noch viel Neues, wenn man mit ihnen selbst zusammen kömmt, und deßhalb allein ist mir diese Bekanntschaft über alle Maßen schätzbar. Sie gibt mir einen Beitrag zur Kenntniß der menschlichen Natur und des Lebens überhaupt, den ein Dutzend Bücher und Geschichten großer Männer nicht so verschaffen können, und seine eigene Lebensbeschreibung nie liefern kann. Er ist gerade jetzt mit dieser Arbeit beschäftigt, und hat schon einige Stücke, ich glaube den Anfang davon, bei Hof vorgelesen, es muß auf jeden Fall, ein höchst künstliches und merkwürdiges Buch werden; er hat da von einer Menge Menschen und Dingen zu reden, wovon er durchaus nicht Alles, mit klaren, baaren Worten sagen darf, das wird dann allerlei wunderbare Tänze, zwischen dem verständigen Hofmann, und dem tollen deutschen Burschen hervorbringen, der besonders bei solchen Erinnerungen alter Zeiten, immer noch wieder aufwacht.

Am Samstag hatten wir unsere große Ausstellung bei Hofe, da hingen in einem Fenster an langen Latten die Zeichnungen von der perspektivischen Ansicht, der Durchschnitt und die Säulenordnung des alten Doms; auf Tischen die darunter standen, lagen der Grundriß, nebst dem von Mailand, Straßburg, Amiens zur Verfügung. Im zweiten Fenster hingen auf großen weißen Tüchern aufgespannt, die beiden Durchzeichnungen des Straßburger Münsters, und im letzten, die perspektivische Ansicht des Innern, die Thürme und die Thüre von Köln, dabei lagen zur Vergleichung Batalha, Straßburg, Wien, Rheims u.s.w. Goethe in seiner Hofuniform half mir redlich zu dieser ganzen Einrichtung mit eigener Hand, und war höchst glücklich, daß die Sache sich so gut machte. Wir waren kaum mit unseren Anstalten fertig, als die Herzogin herein trat, sie hatte ein Frühstück zurichten und viele Personen dazu einladen lassen; da kamen nach und nach die Großfürstin, mehrere Damen und einige Herren vom Hofe, worunter sich auch Wieland fand, dem ich vorgestellt wurde; dann später der Herzog mit dem Herzog von Coburg, der Erbprinz und der Prinz von Coburg, etwa 25 bis 30 Personen. Es war ein rechtes Glück, daß ich mich auf diesen Wirrwarr vorgesehen und die Zeichnungen vertheilt hatte, ich mußte unaufhörlich Red und Antwort geben, und Goethe half von seiner Seite, da wo ich nicht seyn konnte, so gut als er es vermochte, denn seine Würde machte ihn in dieser Umgebung etwas steif und vielleicht verlegen; er nöthigte mich auch meine neugriechischen Architekturzeichnungen und was ich sonst noch von Kupferstichen hatte, Alles heraus zu kramen, und gab den fürstlichen Personen immer kurze Winke, wie merkwürdig und wichtig das Alles sey. Die Herzogin, eine Prinzessin von Hessen-Darmstadt, zeigte sich als eine sehr verständige Frau, die nachdachte und den Zusammenhang dessen was man ihr vortrug, verfolgte, woher sie denn meist ganz richtige Fragen vorbrachte. Die Großfürstin, ein schönes, feines Wesen, äußerte allgemeine Belesenheit und pflichtmäßig ausgehaltene Trübsal der Bildung, ist aber dabei angenehm und geistreich. Der Herzog geberdete sich etwas stallmeistermäßig, wie er auch aussah, er ließ sich indessen die Sache angelegen seyn, und fragte viel aber abgerissen durcheinander, gar nicht mit so viel Sinn wie die Frauen. Man sieht in seinem Wesen gleich die wohl bekannte preußische Militär-Genialität, mit allerlei europäischem Bildungswerk bunt verbrämt; er äußerte in seiner unwissenden Weisheit, es sey doch jammerschade, daß der Dom den Petrus von Rubens verloren, denn das sey so ganz und gar dem Geist dieses großen Gebäudes angemessen, und dafür bestimmt gewesen! Ich sah den alten Herrn an, der steinern, wie ein Medusenbild daneben stand, und ließ die durchlauchtige Weisheit auf sich beruhen. Der Erbprinz, ein ziemlich gefälliger Herr, konnte vor so vielen Reden nicht recht zu Worte kommen, auch hatte er viel mit den

Coburger Herren zu thun. Die Zeichnungen von Cornelius kamen zuletzt an die Reihe, und nun strömten endlich auch die armen Hofdamen herzu aus dem Vorzimmer, um während des Einpackens noch etwas zu sehen; es fiel mir eine unter ihnen, ein Fräulein von Beust, die bei der Großfürstin ist, sehr auf durch ihre Schönheit, ihre blauen seelenvollen Augen mit braunem Haar. Wir gingen, nachdem der alte Herr mir wieder treulich einpacken half, recht zufrieden nach Hause; wie etwa der italienische Operndirektor, wovon Schlegel erzählt, der bei der ersten Vorstellung vor lauter Freuden noch ehe der Vorhang ganz gefallen war, ausrief: Dio sia laudato che passato senza scandalo! Goethe bemühte sich, mir und sich selber Rechenschaft zu geben, daß unsere Ausstellung Freude gemacht, und man alle Ursache hätte, mit den fürstlichen Personen zufrieden zu seyn, deren Bekanntschaft mir wirklich angenehm seyn müsse. Ich konnte Gott sey Dank mit gutem Gewissen antworten, daß mir außer der Königin von Württemberg noch keine Herrschaften vorgekommen, die so viel Sinn für die Sache geäußert.

Am Sonntag ging Goethe nach Jena, da ich ihm äußerte, daß ich auch dahin wolle, lud er mich bei dem Obrist Hendrichs, wovon uns Thibaut erzählte, zu Mittag. Das ist nun so ein ganz gewöhnlicher Schlag von Officier, der sich's wohl seyn läßt. Abends waren wir bei Knebel, einem alten Freund von Goethe, einem recht liebenswürdigen Mann von alter Art. Montag früh reiste der alte Herr nach Karlsbad ab, er gab mir Sonntags noch seine Rathschläge zu meinem Werk; ich sollte doch ja das kleinere historische auch gleich anfangen, damit auf das erste Heft des Doms, unmittelbar dieses folgen, und so jenes erläutern, unterstützen, seine Stelle im Ganzen anzeigen könne; gerade so wie ich ihm mein Vorhaben in dem ersten Brief geschrieben habe. Über die Art zu schreiben und das Ganze zu behandeln, konnte ich ihn nicht recht zum sprechen bringen, er meinte, das würde sich schon Alles von selbst finden, ich sollte nur mein Wesen so forttreiben, fleißig reisen und mich durch die Anschauung immer tiefer in die Sache hinein setzen, da könne ja das, worauf es eigentlich ankomme, am Ende nicht fehlen.

Bertram an Sulpiz Boisserée

Heidelberg, den 11. Mai 1811.

Dein Glück bei Goethe, so preislich Du es auch in den brillantesten Zügen herausstreichst, kömmt mir nicht unerwartet, Du weißt, wie ich in Hinsicht der äußern Verträglichkeit über den alten Herrn denke; doch gefalle Dir nur nicht zu sehr in der vornehm gelehrten Rolle, die Du angenommen hast, und bedenke, wie in allen menschlichen Dingen, das Ende. Wenn Du nur Schwarz auf Weiß Dir herausreden kannst, erst dann will ich Dich nach allen Kräften rühmen und preisen. Seit das Kantische Prinzip – der Zweckmäßigkeit ohne Zweck – wieder aus der Mode gekommen, finde ich das rein ästhetische Wohlgefallen überall in diesem interessirten Zeitalter malplacirt, und denke im Gegensatz des Evangeliums: gebt uns nur erst alles Andere, das Himmelreich wollen wir schon selbst zu finden trachten. Indessen ist es denn doch kein kleiner Triumph für den Ernst und die Redlichkeit Deines Strebens, mit einem so hoch berühmten und mit Recht verehrten Manne, um dessen Beifall gewichtigere Männer wie Du, vergebens in Kunst und Wissenschaft sich bemüht haben, auf diesem Punkte geistiger Vertraulichkeit und Gemeinschaft zu stehen. Auch möchte ich Dich heimlich belauschen, Du warst gewiß innerlich so gepudert mit Stern und Ordensband geziert und schimmerst so sehr in fremdem und eigenem Lichte, daß Du in der Dunkelheit Deines Wirthsstübchens ganz transparent erscheinen mußt.

Dresden, 24. Mai 1811.

Goethe mahnt mich in manchen Stücken an den Faust, nur daß umgekehrt bei ihm das Leben von der leichten, sinnlichen, genußreichen Seite anfing, und nun erst aus Ermüdung und Verzweiflung gleichsam zum Grübeln und Tiefsinnen überschlägt, daher das böse Wühlen in den Eingeweiden möchte ich es nennen, des menschlichen Herzens in den Wahlverwandtschaften, daher selbst das Philisterwesen der Farbentheorie; es käme nur darauf an, daß er das rechte Grübeln und Forschen ergriffe, so wie es beim Faust darauf ankam, daß er das rechte und nicht das falsche, schlechte Leben ergriff, um in sich selbst zu Einigkeit und Frieden zu gelangen.

Reinhard an Sulpiz Boisserée

Cassel, 7. Juni 1811.

Ich habe mich an dem wirklich hübschen Pendant ergötzt, den die Beschreibung Ihres Umgangs mit Goethe zu der seinigen macht. Zu Ihrer Meinung bekehrt haben Sie ihn nun wohl nicht, aber gefallen haben Sie ihm und er ist Ihnen wirklich zugethan. Lehrreich für Sie ist diese ganze Reise und besonders der Aufenthalt in Weimar gewiß gewesen; und auf das Gelingen und die Vollkommenheit Ihrer Unternehmung, der Sie wie ich mit Vergnügen sehe, noch immer mit Lust und Liebe anhangen, wird Beides gewiß nicht ohne Einfluß seyn.

❧ Sulpiz Boisserée ist im Juni in Prag und plant, Goethe in Karlsbad zu besuchen.

Als er jedoch ankommt, ist Goethe schon wieder weg. Er reist nach Würzburg weiter.

Würzburg, 8. Juli.

Als ich in Karlsbad zur Geheimeräthin Goethe kam, sagte sie: »Goethe ist abgereist, er hat mehrere Tage auf Sie gewartet und hatte sich sehr darauf gefreut, Sie hier bei sich zu haben, aber nachher konnte er nimmer länger warten, er wird es Ihnen auch selbst geschrieben haben.« Ihr könnt denken, daß ich über diesen Bescheid sehr verdrießlich war, um so mehr, weil ich in Dresden von einem Weimaraner hörte, er hätte geschrieben, er bleibe noch mehrere Wochen in Karlsbad, und ich darum sicher glaubte, ihn noch zu treffen. Doch war es von einer Seite auch wieder gut, daß ich falsch unterrichtet war, denn sonst wäre ich von Töplitz gleich nach Karlsbad gegangen und hätte dann den herrlichen Karlstein nicht gesehen. Du lieber Bertram wirst Dich ärgern, daß ich mich hiemit über dieses Mißgeschick tröste, wenn Du aber hörst, daß der alte Herr seiner Frau gesagt hat: »Ich will nur schnell nach Jena eilen, um mein Buch fertig zu machen (den ersten Theil seiner Lebensgeschichte), nachher im September können wir dann vielleicht noch eben nach dem Rhein reisen.« Wenn Du das hörst, wirst Du wohl nichts einzuwenden haben. Die Frau bat mich, ich sollte ihm nur recht zusetzen, er hätte mich sehr lieb, ich brächte ihn gewiß zu der Reise. Das will ich nun auch von Köln aus gleich thun; überhaupt fordert auch der Brief, den er für mich zurück gelassen, eine recht freundliche Antwort. Da hast Du nun alle Ursache, Dich darüber zu freuen, es hat mir die größte Freude gemacht, aber Du mußt doch nicht zu viel davon reden, es ist mir unangenehm. Ich habe wirklich immer noch gezweifelt, daß der alte Herr so recht eingehen würde, aber nun scheint es ihm ganz Ernst zu seyn, ich merkte das an Meyer, der auch in Karlsbad war und äußerst freundlich gegen mich that. Ich sagte ihm von der flüchtigen Äußerung wegen der Reise nach Köln

und er antwortete: Das glaub' ich recht gern, denn der Goe-
hoeimderoth ischt soehr aemvänglich (empfänglich) dafüer.
Beim Weggehen sagte er mir: Hob'n soe Donk füer ihre Er-
scheinoung!

1816
CHARLOTTE KESTNER,
GEB. BUFF
»WERTHERS LOTTE«

Von Besuchen bemerk' ich folgende,
sämtlich Erinnerungen früher und frühster
Zeit erweckend: . . . . Hofräthin Kestner
aus Hannover.

Goethe, Annalen 1816

❧ Seit den Tagen in Wetzlar (1772), seinem (hauptsächlich nebensächlichen) Gastspiel als Praktikant beim dortigen Reichskammergericht, auf Betreiben des Vaters lustlos angetreten, hatte Goethe Charlotte Kestner, geb. Buff, das Vorbild für Werthers Lotte, nicht wiedergesehen. Zwar riß der Briefkontakt nie ganz ab, auch verfaßte Goethe gelegentlich ein Empfehlungsschreiben für einen der Söhne, aber sie selbst hat er bis zu diesem Jahr nicht wiedergesehen, auch nicht, als er 1801 in Göttingen und Pyrmont gewesen war.

Als Charlotte Kestner nun aber 1816, zusammen mit ihrer Tochter Klara, ihren Schwager Ridel in Weimar besucht, kommt es fast zwangsläufig zu einem Treffen mit Goethe. Ein Wiedersehen nach immerhin vierundvierzig Jahren; sicher ist sie nicht so unbefangen, wie sie im Brief an den Sohn glauben machen möchte. Welche Erwartungen sie auch immer gehabt haben mochte, sie ist enttäuscht, Goethe macht keinen angenehmen Eindruck auf sie. Tochter Klara steuert ihre Anmerkungen über den Besuch bei, die auch nicht gerade überschwenglich ausfallen: sie findet Goethe oberflächlich, und seine Zimmer erscheinen ihr »düster und unwöhnlich«.[1]

Goethe, von Gicht geplagt, verhält sich bemüht galant, stellt Wagen und Theaterloge zur Verfügung, schickt einen Bedienten, hält sich aber zunächst bedeckt.

Verständlich wohl auch, denn ganz wohl kann ihm gerade bei diesem Besuch nicht gewesen sein. Hatte er doch wahrlich nicht nur gute Erinnerungen an Wetzlar, das kleine »Nest von winkligen Häusern, mit engen Straßen, in denen große Misthaufen«[2] lagen.

Ganz lebhaft muß ihm alles wieder vor Augen gestanden haben: Das Haus des Amtmanns Buff, dessen Tochter Lotte als Ersatzmutter inmitten der Geschwisterschar, verlobt mit dem späteren Hannoverschen Hofrat Kestner.

Goethe hatte sie unsterblich gemacht, Lotte, die den Kindern das Brot schneidet, »jedem sein Stück nach Proportion ihres Alters und Appetites«.[3]

Lotte, die »ein simples weißes Kleid mit blaßroten Schleifen an Arm und Brust«[4] anhatte, die transformierte Romanfigur, verarbeitet, entrückt und verdrängt, jetzt stand sie plötzlich als reife Matrone vor ihm.

Dichtung und Wahrheit, bis zur Unkenntlichkeit ineinander verwoben. Goethe hatte Grund, das gealterte Vorbild zu fürchten. Was mußte dieser Besuch alles in ihm heraufbeschwören? Der Roman war inzwischen selbst Geschichte geworden, hatte vielfältiges Lob, Anfeindungen und Verbote überstanden, hatte ein wahres ›Wertherfieber‹ verursacht, wenn auch der Vorwurf der Verführung zum Selbstmord, die er angeblich auslösen sollte, wohl weit übertrieben war[5], eher dem überspannten Zeitgefühl zuzurechnen war.

Aber immerhin, der Roman war ein Welterfolg; Jünglinge hatten sich in ›Werthertracht‹ gekleidet: blauer Frack, gelbe Weste und Hose, Stiefel; die Damen verwandelten sich in Lotte, schmachteten nach ihrem Werther, es gab zahlreiche Neuauflagen, Übersetzungen, sogar Parodien. Napoleon hatte das Buch (mehrfach) gelesen, und Madame de Staël, deren Buch über Deutschland der Erste Konsul verboten hatte, spottete später, Werther habe mehr Selbstmorde verursacht als die schönste Frau.

Angesichts dieses Hintergrundes verlief der Besuch der Kestners mehr als prosaisch, kein Wort vom ›Werther‹, das besorgte, spöttisch, Charlotte von Stein.

Denn auch sie trifft Werthers Lotte; sie unterhalten sich zwar ganz angenehm, allerdings meint sie sarkastisch, »würde sich kein Werther mehr um sie erschießen«.[6]

Goethe selbst mochte also mit Skepsis diesen Besuch erwarten. Noch Jahre später (1824) drückt er im Gespräch mit Eckermann seine Ängste und Befürchtungen aus.

Werther, meint Goethe, das sei auch so ein Geschöpf, das er, »gleich dem Pelikan mit dem Blut«[7] seines Herzens gefüttert habe. Er sei so voll von Empfindungen und Gedanken gewesen, daß er leicht zehn Bändchen damit habe ausstatten können. Nur ein einziges Mal habe er es seit seinem Erscheinen wieder gelesen, und er habe sich gehütet, es wieder zu tun. »Es sind lauter Brandraketen«, fährt Goethe in der Rückerinnerung fort. »Es wird mir unheimlich dabei, und ich fürchte, den pathologischen Zustand wieder durchzuempfinden, aus dem er hervorging.«[8]

Nun kam doch alles erneut auf ihn zu, der heimliche Abschied damals, die Flucht aus Wetzlar, das Gerede der Leute. Der inzwischen im Pensionsalter stehende Goethe hatte Grund, sich vor allzu mächtiger Erinnerung zu fürchten, er, der ohnehin ein Meister im Verdrängen war.

Der Besuch selbst ist mehr als ein Jahrhundert später literarisch verarbeitet worden: Thomas Mann hat den mißglückten Besuch Lottes in Weimar auf seine spezifische Art und Weise ausgeschlachtet: vollgestopft mit recherchierten Details, ironisch, manchmal langatmig, gelegentlich auch geschwätzig. Gastgeber und Gast hatten sich verändert, darauf weist auch Thomas Mann hin. »Charlotte hätte von Glück sagen können« heißt es in seinem Roman, »daß sie ihn jetzt wiedersah und nicht fünfzehn Jahre früher, zu Beginn des Jahrhunderts, wo die schwerfällige Beleibtheit, mit der es schon in Italien angefangen, auf die Höhe gekommen war.«[9]

Beide hatten sie sich verändert, der ›Werther‹ und ›seine‹ Lotte. Was die ›historische‹ Lotte anbetrifft, so ist sie inzwischen ja auch immerhin eine Matrone von 63 Jahren. Was Goethe angeht, so mochte sie sich an seine Stimme erinnern, die, (auch bei Thomas Mann) die alte geblieben sein soll, sein vielgerühmtes sonores Organ, ein angenehmer Bariton.

Charlotte Kestner schildert ihren Eindruck von dem Besuch

bei Goethe in einem Brief an ihren Sohn August; Tochter Klara, von den historischen Vorgängen unbeeindruckt, gibt durch ihre subjektiven Anmerkungen dem Ganzen noch die entsprechende Würze.

Klara Kestner an ihren Bruder August

Weimar, 29. September 1816
»Er [Ridel] fing denn auch bald an, von Goethe zu sprechen, dem er durch seinen Sohn, der sein Kollege ist, hatte sagen lassen, daß Mutter kommen würde. Er hatte ihm antworten lassen, daß er sich sehr dazu freue, welches Mutter ihm nicht so recht zugetraut hatte; doch der Onkel [Ridel] machte nach seiner liebenswürdigen Art uns ein viel angenehmeres Bild von ihm, als wir uns gemacht hatten, und versicherte, daß er ihn schon öfter gerührt gesehen hätte, und glaubte, daß er es bei diesem Wiedersehen auch sein würde. Nachdem wir nun drei Tage hier waren, also am Mittewochen, da Goethe durch den Onkel erfahren, daß Mutter hier sei, ließ er den Onkel par carte mit seiner sämtlichen Familie freundschaftlich zum Essen einladen. Mutter hätte ihn gern erst einmal allein gesehen; doch da dies für Goethe eine überaus große Artigkeit sein sollte, so wurde zugesagt. Nun kannst Du denken, wie mir Unbedeutenden es zumute war, vor diesem großen Manne erscheinen zu sollen, und in seinem eignen Hause, welches doch noch viel schlimmer war, als wenn er zu uns gekommen wäre. Doch was half es! Das Herzklopfen mußte überwunden werden. Mutter war auch nicht ganz à son aise und wollte erst mit dem Onkel vorausgehen und wir dann nachkommen; doch hieraus wurde nichts, indem der große Mann uns seine Equipage schickte, uns abzuholen. Wir fuhren also hin und wurden unten an der Treppe von dem Sohn empfangen. Im Vorsaal kam er selbst uns

entgegen, doch treuer dem Bilde, was ich durch Dich von ihm hatte, als dem, was uns der gute Onkel gab. Denn Rührung kam nicht in sein Herz! Seine ersten Worte waren, als ob er Mutter noch gestern gesehen: »Es ist doch artig von Ihnen, daß Sie es mich nicht entgelten lassen, daß ich nicht zuerst zu Ihnen kam.« (Er hat nämlich etwas Gicht im Arm.) Dann sagte er: »Sie sind eine recht reisende Frau«, und dergleichen gewöhnliche Dinge mehr. Mutter stellte mich ihm vor, worauf er mich einiges fragte, unsre Reise betreffend und ob ich noch nie in dieser Gegend gewesen sei, welches ich doch ganz unerschrocken beantwortete. Darauf gingen wir zu Tisch, wohin er Mutter führte und auch natürlich bei ihr saß; ihm gegenüber der Onkel und ich daneben, so daß ich ihm ganz nahe war und mir kein Wort und kein Blick von ihm entging. Leider aber waren alle Gespräche, die er führte, so gewöhnlich, so oberflächlich, daß es eine Anmaßung für mich sein würde, zu sagen, ich hörte ihn sprechen oder ich sprach ihn; denn aus seinem Innern oder auch nur aus seinem Geiste kam nichts von dem, was er sagte. Beständig höflich war sein Betragen gegen Mutter und gegen uns alle, wie das eines Kammerherrn. Der Onkel entschuldigte ihn, wie ich mich ziemlich freimütig über ihn äußerte, mit seiner Steifigkeit und selbst Blödigkeit. Erstere hat er nun physisch und freilich diesen Tag auch geistig im höchsten Grade; denn alle sagten, er sei so liebenswürdig gewesen, wie sie ihn beinahe nie gesehen. Nach Tisch fragte ich nach einer sehr schönen Zeichnung, die immer meine Augen auf sich zog; er ließ sie mir herunternehmen und erzählte mir sehr artig die Geschichte davon; sie war von einer Dame. Julien [von Egloffstein] dachte er mit großer Auszeichnung und besonders ihres Talents. Darauf ließ er eine Mappe holen und zeigte Mutter ihr und des seligen Vaters und Eurer fünf Ältesten Schattenrisse auf einem Blatt. Du siehst aus allem diesen, er wollte verbindlich sein. Doch alles hatte eine so wunderbare Teinture von höfischem Wesen, so gar nichts Herzliches, daß es doch mein Innerstes oft beleidigte. Seine Zimmer sind düster und unwöhnlich eingerichtet. Hier und da stehen Vasen, und die Wände sind mit Zeichnungen dekoriert, worunter jedoch meiner Ansicht nach außer der genannten nichts Ausgezeichnetes war. Der Sohn, welcher die Honnneurs machte, scheint ein ziemlich unbedeutender Mensch zu sein. Er sieht seinem Vater in den Augen ähnlich, hat aber eine sehr flache Stirn; übrigens ist er eher hübsch als häßlich. Dieser war ausgezeichnet artig gegen Mutter, führte sie in den Garten, wohin wir folgten. Er ist nicht von Bedeutung, der Eingang aber ist sehr hübsch, indem er durch eine Art Laube, die schon an dem Hause anfängt, den Garten mit einem Gartenzimmer vereinigt, worin sehr viele Büsten der berühmtesten Schriftsteller unserer Zeit und die hiesige herzogliche Familie aufgestellt sind. Auch Goethens und seiner Frauen Büste steht darin, von der wir abscheuliche Dinge hören, mit denen ich mein Papier nicht beflecken werde. Gottlob, daß sie tot ist! Und doch, sollte man es glauben, ehrt er ihr Andenken mit Rührung. Nachdem wir nun alles gesehen, fuhren wir nach Haus. Er entschuldigte sich, daß er nicht ausgehen könne, indem er auch bei Hof abgesagt habe. Wir werden ihn nun wohl nicht öfter sehen, welches mir leid tun sollte, da ich ihn gern einmal sähe, daß ich ihn mit seinen herrlichen Kindern reimen könnte, welches ich bisher noch nicht gekonnt. Zuweilen fiel mir bei Tisch eine schöne Stelle aus seinen Gedichten ein, ich sah ihn darauf an, konnte aber keine Ähnlichkeit finden ...

Ich sah die »Rosamunde« von Körner, ein schreckliches Trauerspiel, was mir zu traurig war. Doch natürlich interessierte mich das Theater sehr, da es doch ganz andre Schauspieler als bei uns sind. Und doch klagt man hier sehr, wie schlecht das Theater jetzt gegen sonst ist. Goethe bekümmert sich nicht viel mehr darum.

Weimar, 4. Oktober 1816

Von dem Wiedersehen des großen Mannes habe ich Euch selbst noch wohl nichts gesagt; viel kann ich auch nicht darüber bemerken. Nur soviel: ich habe eine neue Bekanntschaft von einem alten Mann gemacht, welcher, wenn ich nicht wüßte, daß er Goethe wäre, und auch dennoch, hat er keinen angenehmen Eindruck auf mich gemacht. Du weißt, wie wenig ich mir von diesem Wiedersehen oder vielmehr dieser neuen Bekanntschaft versprach. War daher sehr unbefangen. Auch tat er nach seiner steifen Art alles mögliche, um verbindlich gegen mich zu sein. Er erinnerte sich Deiner und Theodors mit Interesse, ließ mir seinen Sohn eine Pflanze zeigen, die ihm Theodor geschickt hatte etc., und, was mich sehr freute, er sprach mit großem Interesse von [Johann] Stieglitz. So stehen die Sachen. Er ist nicht wohl und geht nicht aus. Also eine Frage, ob die *alten neuen Bekannten* ihre Bekanntschaft fortsetzen und sich in ihren alten Tagen auch gefallen.

Klara Kestner an ihren Bruder August

Weimar, 14. Oktober 1816

Goethen sahen wir noch nicht wieder. Er leidet noch immer an der Gicht am rechten Arm. Vor acht Tagen schrieb er Mutter ein sehr freundschaftliches Billett, mit Bedauern angefüllt, durch sein Kranksein verhindert zu sein, sie öfter zu sehen. Er bot ihr zugleich seine Loge im Theater und seinen Wagen zum Abholen an. Dieses war durch den Kanzler Müller veranlaßt, der durch Mutter erfahren, daß es ihr so schwer werde, einen Platz im Theater zu finden, und es ihm erzählt hatte. Vielleicht sehen wir ihn heute in einer kleinen Gesellschaft bei Müllers, der ihn persönlich einladen wollte. Es würde mich natürlich sehr freuen, da ich ihn noch gar nicht kenne und so gern ein angenehmes Bild von ihm hätte. Bei Goethe aß außer uns niemand, welches recht freundlich ausgedacht von ihm war.

Klara Kestner an ihren Bruder August

Weimar, 25. Oktober 1816
Goethen sahen wir bei Müllers, wo er freilich etwas liebenswürdiger als zu Haus war, aber doch meinen Wünschen nicht entsprach. Doch bin ich jetzt mehr mit ihm zufrieden, da er wenigstens unter vier Augen gegen Mutter liebenswürdig ist. Sie geht auf sein Verlangen immer in seine Loge, wo er sehr freundlich sein soll. Ich gehe nicht hin, da ich fürchte, ihn zu genieren, indem vorn nur zwei Plätze sind. Auch bin ich längst zufrieden, wenn er nur gegen Mutter freundlich ist, da ich keine Ansprüche auf ihn machen kann und sein Wesen nicht verstehe.[10]

1821
CARL GUSTAV CARUS

❧ Der im selben Jahr wie Goethes Sohn August geborene Carl Gustav Carus, war Arzt und Physiologe, aber auch Schriftsteller und Landschaftsmaler.

Carus, seit 1814 Professor in Dresden, war sehr beeindruckt von Goethe und noch nach Jahrzehnten, bei der Vorbereitung der Herausgabe seiner ›Lebenserinnerungen und Denkwürdigkeiten‹[1], notiert er zu seinem Besuch bei dem Olympier: »Seit jenem Morgen des 21. Juli (1821) sind nun mehr als vier Dezennien vorübergegangen, und immer noch steht mir die einfach schöne Gestalt des werten Mannes, ganz in der Art, wie ich sie sah und wie der treffliche Rauch als Statuette sie bald nachher ausgeführt hatte, vor der Seele! Sie steht, von Rauch selbst mir verehrt, täglich vor meinem Blick. Ich hätte ihn damals länger sehen sollen! Er wollte mich zu Tisch behalten, ein paar Tage in seiner Nähe – welche vermehrte und liebe Erinnerungen würde ich mir bereitet haben! Aber so ist die Jugend! Mit Hast treibt sie meist fernen Zielen zu, und vieles Große, zu spät Erkannte, geht ihr darüber verloren. – So ich damals! Ich habe Goethe nie wiedergesehen, obwohl ich noch lange mit ihm korrespondierte!«[2]

Von Carus stammt auch ein ›gemaltes Goethedenkmal‹, das er selbst beschreibt: »Man sah da also in klarem Sommermondschein in ein wunderbares Felsental hinein, wo auf großer, von Klippen umragter Platte ein dunkler Sarkophag sich erhob, dessen Mitte eine hohe metallene Harfe zierte, zu deren beiden Seiten Bilder von betenden Engeln knieten von Nebelsilberduft umzogen und von schlanken Tannen überwachsen.«[3] Ich überlasse es dem Leser, diese Idee zu beurteilen.

Der Naturwissenschaftler Carus ist aber ein vorzüglicher Erzähler, vieles sieht er mit den Augen des Malers und beschreibt es sehr plastisch. Damals (1821) kam er aus Leipzig und fuhr über Naumburg nach Weimar, um Goethe zu sehen:

Von Naumburg führte damals der Weg in lauter Kalkhügeln durch abscheuliche Hohl- und Bergwege nach Kamburg, wo wir schlecht genug übernachteten; dafür indes 8 Uhr früh in Jena eintrafen, nachdem wir uns noch vor Dornburg an manchen malerischen Stellen des Saalufers erfreut hatten. – Die sonderbaren, waagerecht geschichteten Kalkfelsen, welche infolge starker Verwitterung so leicht vom strömenden Regenwasser herabgeschwemmt werden, bilden mit ihren abgerundeten Kuppen oder schroff abfallenden Wänden die anmutigsten Linien, und die Saale selbst windet sich zwischen breiten Wiesengründen, umgeben von Eichen-, Eschen- und Erlengebüschen, tief unten im Tale frisch und glänzend hindurch.

In Jena suchte ich zunächst Frommann auf, dem ich über Goethe frühere Notizen verdankte. Ich erfuhr bald Okens Abreise nach Paris sowie Goethes Verweilen in Weimar, und es blieb demnach diesmal wenig für mich an diesem Ort zu erlangen; nur einige mir noch nicht persönlich bekannte Männer wünschte ich vorher zu sehen. Ist man nämlich bei gewöhnlichen Bekanntschaften zunächst an das Äußerliche gewiesen und lernt erst durch längeres Zusammensein das Innere kennen, so befindet man sich bei Gelehrten und Künstlern meistens im entgegengesetzten Falle und sucht dann die äußerliche Erscheinung nur als Komplement des schon mehr gekannten innern geistigen Lebens auf, überzeugt sich auch dabei oft, daß diese Kenntnis ganz unentbehrlich war, um so erst den eigentlichen Menschen herauszufinden und verstehen zu lernen.

So sah ich denn zuerst Kieser, eine etwas ungelenke große Gestalt in ziemlich pedantischer Haltung eines modernen Professors. Es lag für mich etwas Starres, Festgewordenes in seinem Wesen, welches mir damals einigermaßen mit dem System seiner Krankheitslehre zu stimmen schien; denn die meisten Systeme gleichen ja dem Kristall, dem man zwar wohl ein organisches Leben zusprechen muß, solange er sich bildet, der aber, indem er fertig ist, auch erstarrt, erstorben vor uns liegt. Ich hätte Kieser kennen mögen, wie er eifrig noch den Pflanzenbau studierte; denn ein schönes Vermögen zu geistreicher Naturanschauung ist ihm sicher verliehen, und er hat es durch manche tüchtige Arbeit beurkundet. Unsere anfangs trockene Unterhaltung wurde nach und nach mitteilender, und wir schieden in Frieden. Wie weit war ich damals davon entfernt, zu ahnen, daß ich über vierzig Jahre später diesem Mann in der Präsidentschaft der alten Leopoldo-Carolinischen Akademie, welcher ich in jener Zeit noch nicht einmal als Mitglied angehörte, sukzedieren sollte.

Ich ging dann zu Renner, Professor der Tierheilkunde und als Direktor der Veterinärschule von ausgezeichneten Verdiensten. – War in Kieser die theoretische Seite überwiegend, so wurde hier eine in aller Hinsicht tätige praktische Natur auch durch die Lebendigkeit des kleinern Körpers angekündigt. Mit großer Gefälligkeit zeigte er mir die Sammlungen für physiologische und pathologische Zootomie sowohl der Veterinärschule als des großherzoglichen Naturalienkabinetts, beide an Merkwürdigkeiten ziemlich reich, das letztere noch neuerlich durch ein fossiles kolossales Auerochsenskelett und menschliche Skelette aus unzubestimmender Vorzeit vermehrt, die, in der Gegend von Weimar gefunden, wahrscheinlich aus dem Begräbnisplatz eines früher diese Gegend bewohnenden Stammes herrührten. Diese großherzoglichen Sammlungen befinden sich übrigens nebst andern auf dem Schlosse und enthalten unter andern durch Goethes Vermittlung auch die schönen Abgüsse antiker Pferdeköpfe, den des Leukippus und einen venetianischen. Goethe selbst hat in seinen Heften zur Naturwissenschaft (Band I, Heft 2) das Nähere mitgeteilt.

Den Mittag brachte ich in Frommanns Haus zu, einer vielseitig nach Goethescher Weise gebildeten Familie. Überhaupt konnte es mir nicht entgehen, daß in der Nähe eines solchen

Meteors wie Goethe alles entweder für oder wider ihn entschieden Partei zu nehmen angeregt werden müsse und keine Neutralität mehr gelten könne.

Jena an sich frischte in vieler Hinsicht die Erinnerung an meinen frühern Knabenaufenthalt daselbst [auf]. Die nicht unbeträchtlichen kalkigen Bergrücken wurden mir jetzt freilich ihrer schönen Zeichnung nach bemerklicher als sonst; auch betrachtete ich aufmerksamer die gotische Architektur der alten Stadtkirche, welche viele einzelne Schönheiten zeigt, obwohl im ganzen auch hier der wahre und reine Sinn dieser Bauart nie wahrhaft herrschend war. Ein Tor der Rückseite hätte ich wegen schöner Einfügung eines Kreuzes in das mit kleeblattförmigen Bogen geschlossene Türgewölbe gern gezeichnet. Um 8 Uhr abends erreichten wir Weimar. Goethe werde ich den nächsten Tag um 11 Uhr sehen.

Der eben verklingende Lärm eines Jahrmarkts gewährte noch mancherlei Unterhaltung, und beiläufig lernten wir von der Dienerschaft im »Elefanten« auch etwas von der Art kennen, wie das Volk von Weimar sich die Verhältnisse außerordentlicher Männer in seine trivialen Kreise herunterzieht.

Rudolstadt, 21. Juli abends

Heute in den Frühstunden ergingen wir uns in den Parkanlagen zu Weimar, erfreut durch den schönen Sinn für Einfachheit und Naturfreiheit, die hier überall herrscht. Welche Gänge hochstämmiger Weiden und Eschen! Wie verständig sind die Bäume unten glatt und luftig gehalten, damit oben frei und leicht die ineinander verschlungenen weitverbreiteten Kronen sich im Winde wiegen können; wie trefflich auch sind die natürlichen Felsen an der Ilm und einiges in ihrer Nähe vorgefundene alte Gemäuer benutzt; auf eine Weise, daß oft aus der einfachsten Anlage ein voller geschichtlicher Sinn hervorgeht.

Nach 9 Uhr zog mich der Wunsch, die anatomischen Sammlungen des Obermedizinalrats von Froriep zu sehen, nach der Stadt. Sie wurden mir durch die Gefälligkeit des Besitzers, den ich in merkantilische Geschäfte seines Schwiegervaters (Legationsrats Bertuch) vergraben antraf, sogleich geöffnet. Sie sind bedeutend genug, enthalten eine schöne Reihe osteologischer Präparate und außerdem eine instruktiv gewählte und aufgestellte Folge sorgfältig gearbeiter Tieranatomien.

Unter all diesen Betrachtungen war indes 11 Uhr herangerückt, ja vorübergegangen, und ich eilte nun, Goethes Wohnung aufzufinden. Gleich beim Eintritt in das mäßig große, im einfach antiken Stil gebaute Haus deuteten die breiten, sehr allmählich sich hebenden Treppen sowie die Verzierung der Treppenruhe mit dem Hunde der Diana und dem jungen Faun von Belvedere die Neigungen des Besitzers an. Weiter oben fiel die Gruppe der Dioskuren angenehm in die Augen, und am Fußboden empfing den in den Vorsaal Eintretenden, blau ausgelegt, ein einladendes »Salve«. Der Vorsaal selbst war mit Kupferstichen und Büsten auf das reichste verziert und öffnete sich gegen die Rückseite des Hauses durch eine zweite Büstenhalle auf den lustig umrankten Altan und auf die zum Garten hinabführende Treppe. In ein anderes Zimmer geführt, sah ich mich aufs neue von Kunstwerken und Altertümern umgeben; schön geschliffene Schalen von Chalcedon standen auf Marmortischen umher, über dem Sofa verdeckten halb und halb grüne Vorhänge eine große Nachbildung des unter dem Namen der Aldobrandinischen Hochzeit bekannten alten Wandgemäldes, und außerdem forderte die Wahl der unter Glas und Rahmen bewahrten Kunstwerke, meistens Gegenstände alter Geschichte nachbildend, zu aufmerksamer Betrachtung auf.

Endlich kündigte ein rüstiger Schritt durch die anstoßenden Zimmer den werten Mann selbst an. Einfach, im blauen Zeugoberrock gekleidet, gestiefelt, in kurzem, etwas gepudertem Haar, mit den bekannten von Rauch herrlich aufgefaßten Gesichtszügen, in gerader kräftiger Haltung schritt er auf mich zu und führte mich zum Sofa. Die zweiundsiebzig Jahre haben auf Goethe wenig Eindruck gemacht, der Arcus senilis in der Hornhaut beider Augen beginnt zwar sich zu bilden, aber ohne dem Feuer des Auges zu schaden. Überhaupt ist das Auge an ihm vorzüglich sprechend, und mir erschien darin zumeist die ganze Weichheit des Dichtergemüts, welche sein übriger ablehnender Anstand nur mit Mühe zurückzuhalten und gegen das Eindringen und Belästigen der Welt zu schützen scheint; doch auch das ganze Feuer des hochgabten Sehers leuchtete in einzelnen Momenten des weitern mehr erwärmten Gesprächs mit fast dämonischer Gewalt aus den schnell aufgeschlagenen Augen.

So saß ich denn nun ihm gegenüber! Die Erscheinung eines Menschen, welchem ich selbst einen so großen Einfluß auf meine Entwicklung zugestehen mußte, war mir plötzlich nahe gerückt, und ich war um so mehr bemüht, diese merkwürdige Gegenwart genau zu beachten und zu erfassen. Die gewöhnlichen einleitenden Gespräche waren bald beseitigt, ich erzählte von meinen neuen Arbeiten über die Ur-Teile des Knochengerüstes und konnte ihm die Bestätigung seiner frühern Vermutung über das Dasein von sechs Kopfwirbeln mitteilen. Zur schnellern Darlegung des Ganzen ersuchte ich um Bleistift und Papier; wir gingen in ein zweites Zimmer, und wie ich nun den Typus des Fischkopfes in seiner Gesetzmäßigkeit schematisch entwickelte, unterbrach er mich oft durch beifällige Ausrufungen und freudiges Kopfnicken. »Jaja, die Sache ist in guten Händen«, sagte er; »da haben uns der Spix und Bojanus so etwas hergedunkelt! Nun, nun! Ja, ja!« Mit diesen, auf eigentümlich gutmütige Weise betonten Worten pflegte er überhaupt alle Pausen des Gesprächs zu beleben.

Der Diener brachte eine kleine Kollation. Es war mir ein rührendes Verhältnis, Goethe zu sehen, wie er mir den Wein eingoß und ein Brot mit mir teilte, selbst von der einen Hälfte genießend und mir die andere reichend! – Dabei sprach er von meinen beiden Bildern, die ich ihm vor einem Jahre durch Frommann gesendet hatte, erzählte, wie ihm das eine (das Haus auf der Brockenspitze) längere Zeit seiner Bedeutung nach rätselhaft geblieben, wie nur später erst eine dritte Person (der Großherzog, wie Frommann mir sagte) ihm den Aufschluß darüber gegeben und wie diese Dinge überhaupt wohl in Ehren gehalten würden. Dann ließ er sein Portefeuille über vergleichende Anatomie bringen und zeigte seine frühern Arbeiten. Späterhin kamen wir auf das Bedeutungsvolle in der Form der Felsen und Gebirge für Bestimmung der Art des Gesteins, ja für die gesamte Bildung der Erdoberfläche; und auch in diesen Ideen war er völlig einheimisch, ja er hatte dafür gesammelt, wie eine zweite wohlgefüllte Mappe mit Felsenzeichnungen vom Harz und andern Orten deutlich bewies.

Merkwürdig waren mir, als ich jetzt kurze Zeit im Zimmer allein blieb, die Anordnungen und Ausschmückungen desselben. Außer einem hohen Gestelle mit gewaltigen Mappen für Kupferstiche in ihrer geschichtlichen Folge interessierte mich ein mit Schubkästen, behufs der Aufbewahrung einer Münzsammlung, versehener Schrank. Der Aufsatz desselben trug nämlich unter Glas eine ansehnliche Menge antiker Götterbildchen, Laren, Faunen usw., unter welchen ein ganz kleiner goldener Napoleon, in das glockenförmig verschlossene Ende einer Barometerröhre gestellt, sich sonderbar genug ausnahm. Auch sonst aber wollte noch manches beachtet sein; so beschäftigte mich ein altertümliches wunderliches Schloß, welches mit seinem Schlüssel am Fenstergewände hing, so forderten auch hier manche Kupferstiche zur Betrachtung auf, ja selbst die Einrichtung der Zimmertür war bemerkenswert, da sie nicht in Angeln sich bewegte, sondern aus dem Türgewände hervor- und zurückgeschoben werden mußte. Zuletzt noch sprachen wir über entoptische Farben, und es brachte ihn dies darauf, Karlsbader Glasbecher mit gelber durchsichtiger Malerei herbeibringen zu lassen, an denen er mich die fast wunderbar scheinenden Verwandlungen von Gelb in Blau und Rot in Grün, je nachdem die Beleuchtung auf eine oder die andere Weise geleitet wurde, wahrnehmen ließ.* – Äußerungen über die ungünstige Aufnahme so mancher seiner wissenschaftlichen Arbeiten konnte er hierbei doch nicht ganz unterdrücken. – Gegen 1 Uhr entfernte ich mich endlich, in aller Hinsicht erfreut und erwärmt.

❧ Nach Goethes Tod geht Carus nicht eben zimperlich mit anderen deutschen Schriftstellern ins Gericht. Er beklagt den unersetzbaren Verlust – »wie wir auch vorbereitet zu sein glaubten, so hat uns doch dies wie fast immer so recht unerwartet einbrechende Geschick heftig erschüttert«, und führt mit Blick auf die deutsche Literaturszene aus: »Wenn ich so die neuesten Schreier deutscher Zunge, Börne und Heine zum Beispiel, betrachte, welche nach Goethes Abgange ihr Wesen um so frecher treiben, so kommt es mir wohl vor, als sei auf einem Theater eben aufs würdigste Iphigenia gegeben worden, und nun, während die Lichter verlöschten, stritten sich nur noch widerlich allerhand Statisten hinter dem gefallenen Vorhange.«[5]

---

* Ich hatte damals sehr den Wunsch, solchen Glasbecher zu erlangen, allein der verehrte Mann sagte mir, dergleichen wären jetzt nicht mehr zu haben, aber versprach mir einen Ersatz dafür. In Wahrheit sendete er mir später einen hübschen kleinen Apparat, in welchem sich über schwarz und weißem Felde schwachfarbige Glasplättchen hin- und herschieben lassen und das Phänomen vortrefflich zeigen. – Ich bewahre diesen kleinen Apparat als teueres Andenken.

1823
JOHANN PETER ECKERMANN

Der Mensch muß Götter und Helden
machen, um dasjenige, was von erhabener
Gesinnung in ihm existiert, auszulassen.

Johann Peter Eckermann, Aphorismen

Denn die Götter lehren uns ihr eigenstes
Werk nachahmen; doch wissen wir nur,
was wir tun, erkennen aber nicht,
was wir nachahmen.

Goethe, Maximen und Reflexionen

In dem ereignisreichen Jahr 1823, das mit Goethes schwerer Krankheit begonnen hatte und mit der unglücklichen Liebe zu Ulrike von Levetzow endet, kommt der für Goethe so wichtige Mitarbeiter des letzten Lebensabschnitts nach Weimar: Johann Peter Eckermann. Ein Gast der besonderen Art, Entwicklung inbegriffen – Adept, Mitarbeiter, Ratgeber, Freund und Vertrauter.

Trotzdem wird er nicht gerade gut behandelt, obendrein schlecht bezahlt. Aber Eckermann ist auch Opportunist. Voller Begeisterung für Goethe, mit Hoffnungen und Erwartungen beladen, merkt er jedoch nicht, wie bald er sein eigenes Leben aufgeben muß – Goethe bindet ihn immer enger an sich, isoliert ihn; fast eifersüchtig ist er darauf bedacht, daß ›sein Eckermann‹ ausschließlich für ihn arbeitet. Kaum eine Person der Literaturgeschichte ist so schamlos ausgenutzt worden. Spätestens am 19. Oktober 1823, als Eckermann zum ersten Mal Mittagsgast bei seinem Meister ist, schnappt die Goethefalle zu, Eckermann ist gefangen und bleibt es für den Rest seines Lebens.

Ein ›kindlich-vertrauliches‹ Verhältnis, meint sein Biograph Heinrich Hubert Houben, habe Eckermann zu dem Dichter entwickelt, und in der Tat beschreibt der neue Gast und Mitarbeiter genau dieses Gefühl nach seinem ersten, längeren Beisammensein mit Goethe: »Wir saßen lange beysammen, in ruhiger liebevoller Stimmung. Ich drückte seine Knie, ich vergaß das Reden über seinem Anblick, ich konnte mich an ihm nicht satt sehen ... Es war mir bey ihm unbeschreiblich wohl; ich fühlte mich beruhigt, so wie es jemandem seyn mag, der nach vieler Mühe und langem Hoffen endlich seine liebsten Wünsche befriedigt sieht.«[1] Eckermann, ein »wandernder lieterarischer Handwerksbursche, auf einer Reise ins Blaue«,[2] ist ein ausgesprochener Glücksfall für Goethe; schnell versucht der Dichter, ihn auf Dauer an sich zu binden.

Nach allerlei Probeaufträgen kann er schon bald erklären: »Eckermann ist in Jena und arbeitet schon mit meinen Papieren, wie ich aus einer Probe sehe, mit Sinn und Verstand; ich werde suchen ihn festzuhalten, um die nächsten Monate weiter vorzurücken, welches immer schneller gehen wird, je mehr er sich mit dem Vorrat bekannt macht. Er ist übrigens mit meiner Denkweise so vertraut, daß er das Geschäft dem Sinne nach eben so gut und der Ausführung nach besser als ich selbst leisten dürfte.«[3]

Ein hohes Lob nach solch kurzer Zeit, und literarischer ›Vorrat‹ war reichlich vorhanden. Die Gesamtausgabe sollte erweitert werden, der zweite Teil des ›Faust‹ wartete, und ›Dichtung und Wahrheit‹ mußte fortgesetzt werden.

Außerdem warteten schier unübersehbare Aktenberge, Briefe, Manuskripte und Notizen auf den neuen Mitarbeiter. Schon lange hatte sich Goethe nach einem geeigneten Helfer umgesehen, doch die Kandidaten waren in festen Stellungen, und Goethe scheute durchaus finanziellen Aufwand, Abfindungen oder gar Altersrenten.

Den Schwärmer Eckermann brachte ihm nun die Vorsehung; in seinem Brief vom 24. Mai 1823 empfiehlt er sich selbst für den Goethedienst, möchte aber auch gleichzeitig, daß der Dichter »einige empfehlende Worte an Cotta«[4] schreiben möge, um dem Verleger den Druck seiner Schrift ›Beyträge zur Poesie mit besonderer Hinweisung auf Goethe‹ schmackhaft zu machen.

Das tut Goethe, und der Dank des Mitarbeiters ist ihm gewiß; Eckermann verkündet im Überschwang der Gefühle, daß er »keinen anderen Lebenszweck« mehr habe, »als der deutschen Literatur nützlich zu sein«, und daß er, »in der Hoffnung hier wohltätig einzuwirken«, gerne seine »eigenen literarischen Vorsätze vorläufig zurückstehen lassen wolle«.[5] Was konnte sich Goethe mehr wünschen?

Weimar, Donnerstag, den 2. Oktober 1823
Bei sehr freundlichem Wetter bin ich gestern von Jena herüber-
gefahren. Gleich nach meiner Ankunft sendete mir Goethe,
zum Willkommen in Weimar, ein Abonnement ins Theater. Ich
benutzte den gestrigen Tag zu meiner häuslichen Einrichtung,
da ohnehin im Goetheschen Hause viel Bewegung war, indem
der französische Gesandte Graf Reinhard aus Frankfurt und
der preußische Staatsrat Schultz aus Berlin gekommen waren,
ihn zu besuchen.

Diesen Vormittag war ich dann bei Goethe. Er freute sich
über meine Ankunft und war überaus gut und liebenswürdig.
Als ich gehen wollte, sagte er, daß er mich doch zuvor mit dem
Staatsrat Schultz bekannt machen wolle. Er führte mich in das
angrenzende Zimmer, wo ich den gedachten Herrn mit Betrachtung von Kunstwerken beschäftigt fand, und wo er mich
ihm vorstellte und uns dann zu weiterem Gespräch allein ließ.

»Es ist sehr freundlich«, sagte Schultz darauf, »daß Sie in
Weimar bleiben und Goethe bei der Redaktion seiner bisher
ungedruckten Schriften unterstützen wollen. Er hat mir schon
gesagt, welchen Gewinn er sich von Ihrer Mitwirkung ver-
spricht, und daß er nun auch noch manches Neue zu vollenden
hofft.«

Ich antwortete ihm, daß ich keinen anderen Lebenszweck
habe, als der deutschen Literatur nützlich zu sein, und daß ich,
in der Hoffnung *hier* wohltätig einzuwirken, gerne meine eigenen literarischen Vorsätze vorläufig zurückstehen lassen wolle.
Auch würde, fügte ich hinzu, ein praktischer Verkehr mit Goethe höchst wohltätig auf meine fernere Ausbildung wirken, ich
hoffe dadurch nach einigen Jahren eine gewisse Reife zu erlangen, und sodann weit besser zu vollbringen, was ich jetzt nur in
geringerem Grade zu tun imstande wäre.

Goethes Bibliothek: »… der Raum veredelt, ohne ihn zu verengen.«

»Gewiß«, sagte Schultz, »ist die persönliche Einwirkung eines so außerordentlichen Menschen und Meisters wie Goethe ganz unschätzbar. Ich bin auch herübergekommen, um mich an diesem großen Geiste einmal wieder zu erquicken.«

Er erkundigte sich sodann nach dem Druck meines Buches, wovon Goethe ihm schon im vorigen Sommer geschrieben. Ich sagte ihm, daß ich in einigen Tagen die ersten Exemplare von Jena zu bekommen hoffe, und daß ich nicht verfehlen würde, ihm eins zu verehren und nach Berlin zu schicken, im Fall er nicht mehr hier sein sollte.

Wir schieden darauf unter herzlichem Händedrücken.

Dienstag, den 14. Oktober 1823

Diesen Abend war ich bei Goethe das erste Mal zu einem großen Tee. Ich war der erste am Platz und freute mich über die hellerleuchteten Zimmer, die bei offenen Türen eins ins andere führten. In einem der letzten fand ich Goethe, der mir sehr heiter entgegenkam. Er trug auf schwarzem Anzug seinen Stern, welches ihn so wohl kleidete. Wir waren noch eine Weile allein und gingen in das sogenannte Deckenzimmer, wo das über einem roten Kanapee hängende Gemälde der Aldobrandinischen Hochzeit mich besonders anzog. Das Bild war, bei zur Seite geschobenen grünen Vorhängen, in voller Beleuchtung mir vor Augen, und ich freute mich, es in Ruhe zu betrachten.

»Ja«, sagte Goethe, »die Alten hatten nicht allein große Intentionen, sondern es kam bei ihnen auch zur Erscheinung. Dagegen haben wir Neueren auch wohl große Intentionen, allein wir sind selten fähig, es so kräftig und lebensfrisch hervorzubringen, als wir es uns dachten.«

Nun kam auch Riemer und Meyer, auch der Kanzler von Müller und mehrere andere angesehene Herren und Damen von Hofe. Auch Goethes Sohn trat herein und Frau von Goethe, deren Bekanntschaft ich hier zuerst machte. Die Zimmer füllten sich nach und nach, und es ward in allen sehr munter und lebendig. Auch einige hübsche junge Ausländer waren gegenwärtig, mit denen Goethe französisch sprach.

Die Gesellschaft gefiel mir, es war alles so frei und ungezwungen, man stand, man saß, man scherzte, man lachte und sprach mit diesem und jenem, alles nach freier Neigung. Ich sprach mit dem jungen Goethe sehr lebendig über das ›Bild‹ von Houwald, welches vor einigen Tagen gegeben worden. Wir waren über das Stück einer Meinung, und ich freute mich, wie der junge Goethe die Verhältnisse mit so vielem Geist und Feuer auseinander zu setzen wußte.

Goethe selbst erschien in der Gesellschaft sehr liebenswürdig. Er ging bald zu diesem und zu jenem und schien immer lieber zu hören und seine Gäste reden zu lassen, als selber viel zu reden. Frau von Goethe kam oft und hängte und schmiegte sich an ihn und küßte ihn. Ich hatte ihm vor kurzem gesagt, daß mir das Theater so große Freude mache und daß es mich sehr aufheitere, indem ich mich bloß dem Eindruck der Stücke hingebe, ohne darüber viel zu denken. Dies schien ihm recht und für meinen gegenwärtigen Zustand passend zu sein.

Er trat mit Frau von Goethe zu mir heran. »Das ist meine Schwiegertochter«, sagte er; »kennt ihr beiden euch schon?« Wir sagten ihm, daß wir soeben unsere Bekanntschaft gemacht. »Das ist auch so ein Theaterkind wie du, Ottilie«, sagte er dann, und wir freuten uns miteinander über unsere beiderseitige Neigung. »Meine Tochter«, fügte er hinzu, »versäumt keinen Abend.« – »Solange gute heitere Stücke gegeben werden«, erwiderte ich, »lasse ich es gelten, allein bei schlechten Stücken muß man auch etwas aushalten.« – »Das ist eben recht«, erwiderte Goethe, »daß man nicht fort kann und gezwungen ist auch das Schlechte zu hören und zu sehen. Da wird man recht von Haß gegen das Schlechte durchdrungen und kommt dadurch zu einer desto besseren Einsicht des Guten. Beim Lesen ist das nicht so, da wirft man das Buch aus den Händen, wenn es einem nicht gefällt, aber im Theater muß man aushalten.« Ich gab ihm recht und dachte, der Alte sagt auch gelegentlich immer etwas Gutes.

Wir trennten uns und mischten uns unter die übrigen, die sich um uns herum und in diesem und jenem Zimmer laut und lustig unterhielten. Goethe begab sich zu den Damen; ich gesellte mich zu Riemer und Meyer, die uns viel von Italien erzählten.

Regierungsrat Schmidt setzte sich später zum Flügel und trug Beethovensche Sachen vor, welche die Anwesenden mit innigem Anteil aufzunehmen schienen. Eine geistreiche Dame erzählte darauf viel Interessantes von Beethovens Persönlichkeit. Und so ward es nach und nach zehn Uhr, und es war mir der Abend im hohen Grade angenehm vergangen.

Sonntag, den 19. Oktober 1823
Diesen Mittag war ich das erste Mal bei Goethe zu Tisch. Es waren außer ihm nur Frau von Goethe, Fräulein Ulrike* und der kleine Walter gegenwärtig, und wir waren also bequem unter uns, Goethe zeigte sich ganz als Familienvater, er legte alle Gerichte vor, tranchierte gebratenes Geflügel, und zwar mit besonderem Geschick, und verfehlte auch nicht, mitunter einzuschenken. Wir anderen schwatzten munteres Zeug über Theater, junge Engländer und andere Vorkommnisse des Tages; besonders war Fräulein Ulrike sehr heiter und im hohen Grade unterhaltend. Goethe war im ganzen still, indem er nur von Zeit zu Zeit als Zwischenbemerkung mit etwas Bedeutendem hervorkam. Dabei blickte er hin und wieder in die Zeitungen und teilte uns einige Stellen mit, besonders über die Fortschritte der Griechen.

* Ulrike von Pogwisch, Ottilies Schwester

Es kam dann zur Sprache, daß ich noch Englisch lernen müsse, wozu Goethe dringend riet, besonders des Lord Byron wegen, dessen Persönlichkeit von solcher Eminenz, wie sie nicht dagewesen und wohl schwerlich wiederkommen werde. Man ging die hiesigen Lehrer durch, fand aber keinen von einer durchaus guten Aussprache, weshalb man es für besser hielt, sich an junge Engländer zu halten.

Nach Tisch zeigte Goethe mir einige Experimente in bezug auf die Farbenlehre. Der Gegenstand war mir jedoch durchaus fremd, ich verstand so wenig das Phänomen als das, was er darüber sagte; doch hoffte ich, daß die Zukunft mir Muße und Gelegenheit geben würde, in dieser Wissenschaft einigermaßen einheimisch zu werden.

1824
HEINRICH HEINE

Ich bin ein deutscher Dichter,
Bekannt im deutschen Land;
Nennt man die besten Namen,
So wird auch der meine genannt.

Heinrich Heine, 1824

❧ Heine, der mit Goethe nicht nur die »Einsamkeit des außerordentlichen Menschen in schwierigen Zeiten«[1] gemein hatte, tat sich zunächst schwer mit dem Übervater in Weimar. Im Laufe der Zeit hat er sein Urteil freilich abgemildert; was ihn aber nicht hindert, immer wieder verbal zuzuhauen. Er liege »in wahrhaftem Kriege mit Goethe und seinen Schriften«, schreibt er an Christiani, fügt aber versöhnlich hinzu, letztlich werde er jedoch immer »zum Goethischen Freikorps gehören.«[2] Heinrich Heine kam von seiner Harzreise zu Fuß nach Weimar gepilgert, um Goethe zu sehen.

Heinrich Heine an Goethe

Ew. Excellenz
bitte ich mir das Glück zu gewähren einige Minuten vor Ihnen zu stehen. Ich will gar nicht beschwerlich fallen, will nur Ihre Hand küssen und wieder fortgehen. Ich heisse H. Heine, bin Rheinländer, verweile seit kurzem in Göttingen, und lebte vorher einige Jahre in Berlin, wo ich mit mehreren Ihrer alten Bekannten und Verehrern (dem seel. Wolf Varnhagens etc.) umging und Sie täglich mehr lieben lernte. Ich bin auch ein Poet und war so frey Ihnen vor 3 Jahren meine »Gedichte« und vor anderthalb Jahren meine »Tragödien nebst einem lyrischen Intermezzo« (Ratkliff u Almanzor) zuzusenden. Ausserdem bin ich auch krank, machte desshalb auch vor 3 Wochen eine Gesundheitsreise nach dem Harze, und auf dem Brocken ergriff mich das Verlangen zur Verehrung Göthes nach Weimar zu pilgern. Im wahren Sinne des Wortes bin ich nun hergepilgert, nemlich zu Fusse und in verwitterten Kleidern, und erwarte die Gewährung meiner Bitte, und verharre
                    mit Begeisterung und Ergebenheit
Weimar d I' Oktober 1824.   H. Heine[3]

»Den Herbst machte ich eine Fußreise nach dem Harz den ich die Kreuz und Quer durchstreifte, besuchte den Brocken, so wie auch Göthe auf meine Rückreise über Weimar. Ich reiste nemlich über Eisleben, Halle, Jena, Weimar, Erfurth, Gotha, Eisennacht und Kassel hierher wieder zurück. Viel Schönes habe ich auf dieser Reise gesehen, und unvergeßlich bleiben mir die Thäler der Bode und Selke. Wenn ich gut haushalte kann ich mein ganzes Leben lang meine Gedichte mit Harzbäumen ausstaffiren. –

Ueber Göthes Aussehen erschrak ich bis in tiefster Seele, das Gesicht gelb und mumienhaft, der zahnlose Mund in ängstlicher Bewegung, die ganze Gestalt ein Bild menschlicher Hinfälligkeit. Vielleicht Folge seiner Letzten Krankheit. Nur sein Auge war klar und glänzend. Dieses Auge ist die einzige Merkwürdigkeit die Weimar jetzt besitzt. Rührend war mir Göthes tiefmenschliche Besorgniß wegen meiner Gesundheit. Der seelige Wolf hatte ihm davon gesprochen. In vielen Zügen erkannte ich den Göthe, dem das Leben die Verschönerung und Erhaltung desselben, so wie das eigentlich praktische überhaupt, das Höchste ist. Da fühlte ich erst ganz klar den Contrast dieser Natur mit der meinigen, welcher alles Praktische unerquicklich ist, die das Leben im Grunde gringschätzt und es trotzig hingeben möchte für die Idee. Das ist ja eben der Zwiespalt in mir daß meine Vernunft in beständigem Kampf steht mit meiner angeborenen Neigung zur Schwärmerey. Jetzt weiß ich es auch ganz genau warum die göthischen Schriften im Grund meiner Seele mich immer abstießen, so sehr ich sie in poetischer Hinsicht verehrte und so sehr auch meine gewöhnliche Lebensansicht mit der göthischen Denkweise übereinstimmte. Ich liege also in wahrhaftem Kriege mit Göthe und seinen Schriften, so wie meine Lebensansichten in Krieg liegen

mit meinen angeborenen Neigungen und geheimen Gemüths-
bewegungen. – Doch seyn Sie unbesorgt, guter Christiany,
diese Kriege werden sich nie äußerlich zeigen, ich werde immer zum göthischen Freykorps gehören, und was ich schreibe
wird aus der künstlerischen Besonnenheit und nie aus tollem
Enthousiasmus entstehen.

    So bist du denn der ganzen Welt empfohlen
    Das übrige brauch ich nicht zu wiederholen.

  Es ist aber spaßhaft wie ich immer und überall, und ging ich
auch nach der Lüneburger Heide, zu Erzgöthianern komme.
Zu diesen gehören auch Sartorius und seine Frau, vulgo geist-
reiches Wesen genannt, mit denen ich hier am meisten verkeh-
re. Ich brachte ihnen Grüße von Göthe, und seitdem bin ich
ihnen doppelt lieb. – Es giebt sogar unter den Studenten
Göthianer. –«[4]

Heinrich Heine an Moses Moser, Göttingen, 1. Juli 1825

»– Daß ich Dir von Göthe nichts geschrieben und wie ich ihn
in Weimar gesprochen, und wie er mir recht viel Freundliches
und Herablassendes gesagt, daran hast Du nichts verloren. Er
ist nur noch das Gebäude worinn einst herrliches geblüht, und
nur das wars was mich an ihm interessirte. Er hat ein wehmü-
thiges Gefühl in mir erregt, und er ist mir lieber geworden seit
ich ihn bemitleide. Im Grunde aber sind Ich und Göthe zwey
Naturen die sich in ihrer Heterogenität abstoßen müssen. Er ist
von Haus aus ein leichter Lebemensch dem der Lebensgenuß
das Höchste, und der das Leben für und in der Idee wohl
zuweilen fühlt und ahnt und in Gedichten ausspricht, aber nie
tief begriffen und noch weniger gelebt hat. Ich hingegen bin
von Haus aus ein Schwärmer, d. h. bis zur Aufopfrung begeistert für die Idee, und immer gedrängt in dieselbe mich zu

versenken, dagegen aber habe ich den Lebensgenuß begriffen und Gefallen dran gefunden, und nun ist in mir der große Kampf zwischen meiner klaren Vernünftigkeit die den Lebensgenuß billigt und alle aufopfrende Begeistrung als etwas Thörigtes ablehnt, und zwischen meiner schwärmerischen Neigung, die oft unversehens aufschießt, und mich gewaltsam ergreift, und mich vielleicht einst wieder in ihr uraltes Reich hinabzieht, wenn es nicht besser ist zu sagen hinaufzieht; denn es ist noch die große Frage ob der Schwärmer, der selbst sein Leben für die Idee hingiebt, nicht in einem Momente mehr und glücklicher lebt als Herr v. Göthe während seines ganzen 76 jährigen egoistisch behäglichen Lebens.

Doch ein ander mahl mehr hiervon; heut ist mir der Kopf ganz matt von unsäglichen Abmühungen. Wirst auch jenes Thema im Rabbi wiederfinden.«[5]

1826
FRANZ GRILLPARZER

❧ Grillparzer, Beamter und Dichter, später Archivdirektor und Hofrat, kam 1826 nach Weimar. Einerseits freute er sich auf den Besuch bei Goethe, andererseits sank seine »ohnehin nicht große Meinung« von sich selbst »Grad für Grad«[1] in ihm zusammen. Übrigens hat er fast alles über den Besuch später aufgeschrieben, denn eine Verletzung an der Hand (er hatte sich bei ungeschicktem Hantieren mit einem Messer den Daumen ›gespalten‹) hinderte ihn am Schreiben.

Der Wiener Dichter und Dramatiker ist zunächst enttäuscht von Goethe. Der Weimarer Dichterfürst, in steifer Haltung, mit einem Ordensstern auf der Brust, kommt ihm beinahe wie ein »Audienz gebender Monarch«[2] vor.

Später jedoch ändert Grillparzer seine Meinung völlig, schon der Anblick des großen Goethe rührt ihn zu Tränen:

Endlich kam ich nach Weimar und kehrte in dem damals in ganz Deutschland bekannten Gasthofe zum Elephanten, gleichsam dem Vorzimmer zu Weimars lebender Walhalla, ein. Von da sandte ich den Kellner mit meiner Karte zu Goethe und ließ anfragen ob ich ihm aufwarten dürfe. Der Kellner brachte die Antwort zurück: der Herr Geheimrat habe Gäste bei sich und könne mich daher jetzt nicht sehen. Er erwarte mich für den Abend zum Tee.

Ich aß im Gasthause, durch meine Karte war mein Name bekannt geworden und der Geruch desselben verbreitete sich in der Stadt, so daß es an Bekanntschaften nicht fehlte.

Gegen Abend ging ich zu Goethe. Ich fand im Salon eine ziemlich große Gesellschaft, die des noch nicht sichtbar gewordenen Herrn Geheimerats wartete. Da sich darunter – und das waren eben die Gäste, die Goethe mittags bei sich hatte – ein Hofrat Jakob oder Jakobs mit seiner ebenso jungen als schönen und ebenso schönen als gebildeten Tochter befand, derselben die sich später unter dem Namen Talvj einen literarischen Ruf gemacht hat, so verlor sich bald meine Bangigkeit und ich vergaß im Gespräche mit dem liebenswürdigen Mädchen beinahe, daß ich bei Goethe war. Endlich öffnete sich eine Seitentüre und er selbst trat ein. Schwarzgekleidet, den Ordensstern auf der Brust, gerader, beinahe steifer Haltung trat er unter uns wie ein Audienz gebender Monarch. Er sprach mit diesem und jenem ein paar Worte und kam endlich auch zu mir, der ich an der entgegengesetzten Seite des Zimmers stand. Er fragte mich, ob bei uns die italienische Literatur sehr betrieben werde? Ich sagte ihm der Wahrheit gemäß, die italienische Sprache sei allerdings sehr verbreitet, da alle Angestellten sie vorschriftsmäßig erlernen müßten. Die italienische Literatur dagegen werde völlig vernachlässigt und man wende sich aus Modeton vielmehr der englischen zu, welche bei aller Vortrefflichkeit, doch eine Beimischung von Derbheit habe, die für den gegenwärtigen Zustand der deutschen Kultur, vornehmlich der poetischen, mir nichts weniger als förderlich scheine. Ob ihm diese meine Äußerung gefallen habe oder nicht, kann ich nicht wissen, glaube aber fast letzteres, da gerade damals die Zeit seines Briefwechsels mit Lord Byron war. Er entfernte sich von mir, sprach mit andern, kam wieder zu mir zurück, redete, ich weiß nicht mehr von was, entfernte sich endlich und wir waren entlassen.

Ich gestehe, daß ich mit einer höchst unangenehmen Empfindung in mein Gasthaus zurückkehrte. Nicht als wäre meine Eitelkeit beleidigt gewesen. Goethe hatte mich im Gegenteile freundlicher und aufmerksamer behandelt als ich voraussetzte. Aber das Ideal meiner Jugend, den Dichter des Faust, Clavigo und Egmont als steifen Minister zu sehen, der seinen Gästen den Tee gesegnete, ließ mich aus all meinen Himmeln herabfallen. Wenn er mir Grobheiten gesagt und mich zur Türe hinausgeworfen hätte, wäre es mir fast lieber gewesen. Ich bereute fast nach Weimar gegangen zu sein.

෫ Grillparzer nutzt den folgenden Tag zu Besichtigungen, trifft den Kanzler Müller und seinen Landsmann, den Kapellmeister Hummel, der in Weimar angestellt war. Müller erklärt ihm, daß die ›Steifheit‹ Goethes nichts als ›eigene Verlegenheit‹ sei. Schließlich erhält Grillparzer eine Einladung zum Mittagessen bei Goethe für den nächsten Tag:

Endlich kam der verhängnisvolle Tag mit seiner Mittagsstunde und ich ging zu Goethe. Die außer mir geladenen Gäste waren schon versammelt, und zwar ausschließlich Herren, da die liebenswürdige Talvj schon am Morgen nach jenem Tee-Abende mit ihrem Vater abgereist, und Goethes Schwiegertochter, die mir mit ihrer frühgeschiedenen Tochter später so wert geworden ist, damals von Weimar abwesend war. Als ich im Zimmer vorschritt, kam mir Goethe entgegen und war so liebenswürdig und warm, als er neulich steif und kalt gewesen war. Das Innerste meines Wesens begann sich zu bewegen. Als es aber zu Tische ging und der Mann, der mir die Verkörperung der deutschen Poesie, der mir in der Entfernung und dem unermeßlichen Abstande beinahe zu einer mythischen Person geworden war, meine Hand ergriff um mich ins Speisezimmer zu führen, da kam einmal wieder der Knabe in mir zum Vorschein, und ich brach in Tränen aus. Goethe gab sich alle Mühe um meine Albernheit zu maskieren. Ich saß bei Tisch an seiner Seite und er war so heiter und gesprächig, als man ihn, nach späterer Versicherung der Gäste, seit langem nicht gesehen hatte. Das von ihm belebte Gespräch ward allgemein. Goethe wandte sich aber auch oft einzeln zu mir. Was er aber sprach, außer einem guten Spaß über Müllners Mitternachtsblatt, weiß ich nicht mehr. Ich habe leider über diese Reise nichts aufgeschrieben. Oder vielmehr ich fing an ein Tagebuch zu halten. Als mir aber durch meine Verwundung in Berlin das Schreiben anfangs unmöglich, später schwer wurde, entstand eine große Lücke.

Der Hausgarten: »... damit Ruhe über meine Seele komme.«

Das verleidete mir zum Teil die Fortsetzung, zum Teil währte die Schwierigkeit des Schreibens selbst noch in Weimar fort. Ich beschloß daher unmittelbar nach der Rückkunft in Wien, bei noch frischer Erinnerung das Fehlende nachzutragen. Als sich aber dort, wie man sehen wird, sogleich eine andere Beschäftigung aufdrang, kam die Sache in Vergessenheit und ich habe von diesem, ich hätte bald gesagt: wichtigsten Moment meines Lebens, nichts als die allgemeinen Eindrücke im Gedächtnis behalten. Von den Tisch-Ereignissen ist mir nur noch als charakteristisch erinnerlich, daß ich im Eifer des Gespräches, nach löblicher Gewohnheit, in dem neben mir liegenden Stücke Brot krümmelte und dadurch unschöne Brosamen erzeugte. Da tippte denn Goethe mit dem Finger auf jedes einzelne und legte sie auf ein regelmäßiges Häufchen zusammen. Spät erst bemerkte ich es und unterließ denn meine Handarbeit.

Beim Abschied forderte mich Goethe auf, des nächsten Vormittags zu kommen um mich zeichnen zu lassen. Er hatte nämlich die Gewohnheit alle jene von seinen Besuchern, die ihn interessierten, von einem eigens dazu bestellten Zeichner in schwarzer Kreide porträtieren zu lassen. Diese Bildnisse wurden in einen Rahmen, der zu diesem Zwecke im Besuchzimmer hing, eingefügt und allwochentlich der Reihe nach gewechselt. Mir wurde auch diese Ehre zu teil.

Als ich mich des andern Vormittags einstellte, war der Maler noch nicht gekommen. Man wies mich daher zu Goethe, der in seinem Hausgärtchen auf und nieder ging. Nun wurde mir die Ursache seiner steifen Körperhaltung gegenüber von Fremden klar. Das Alter war nicht spurlos an ihm vorübergegangen. Wie er so im Gärtchen hinschritt, bemerkte man wohl ein gedrücktes Vorneigen des Oberleibs mit Kopf und Nacken. Das wollte er nun vor Fremden verbergen und daher jenes gezwungene Emporrichten, das eine unangenehme Wirkung machte. Sein

Anblick in dieser natürlichen Stellung, mit einem langen Hausrock bekleidet, ein kleines Schirm-Käppchen auf den weißen Haaren hatte etwas unendlich Rührendes. Er sah halb wie ein König aus und halb wie ein Vater. Wir sprachen im Auf- und Niedergehen. Er erwähnte meiner Sappho, die er zu billigen schien, worin er freilich gewissermaßen sich selbst lobte, denn ich hatte so ziemlich mit seinem Kalbe gepflügt. Als ich meine vereinzelte Stellung in Wien beklagte, sagte er, was wir seitdem gedruckt von ihm gelesen haben: daß der Mensch nur in Gesellschaft Gleicher oder Ähnlicher wirken könne. Wenn Er und Schiller das geworden wären, als was die Welt sie anerkennt, verdankten sie es großenteils dieser fördernden und sich ergänzenden Wechselwirkung. Inzwischen kam der Maler. Wir gingen ins Haus und ich wurde gezeichnet. Goethe war in sein Zimmer gegangen, von wo er von Zeit zu Zeit herauskam und sich von den Fortschritten des Bildes überzeugte, mit dem er nach der Vollendung zufrieden war. Nach Verabschiedung des Malers ließ Goethe durch seinen Sohn mehrere Schaustücke von seinen Schätzen herbeibringen. Da war sein Briefwechsel mit Lord Byron; alles was sich auf seine Bekanntschaft mit der Kaiserin und dem Kaiser von Östreich in Karlsbad bezog; endlich das kaiserlich östreichische Privilegium gegen den Nachdruck für seine gesammelten Werke. Auf letzteres schien er große Stücke zu halten, entweder weil ihm die konservative Haltung Östreichs gefiel, oder, im Abstich der sonstigen literarischen Vorgänge in diesem Lande, als Kuriosum. Diese Schätze waren, halb orientalisch, jedes Zusammengehörige einzeln in ein seidenes Tuch eingeschlagen und Goethe benahm sich ihnen gegenüber mit einer Art Ehrfurcht. Endlich wurde ich aufs liebevollste entlassen.

Im Laufe des Tages forderte mich Kanzler Müller auf, gegen Abend Goethe zu besuchen. Ich würde ihn allein treffen und mein Besuch ihm durchaus nicht unangenehm sein. Erst später fiel mir auf, daß Müller das nicht ohne Goethes Vorwissen gesagt haben konnte.

Nun begab sich meine zweite Weimarische Dummheit. Ich fürchtete mich mit Goethe einen ganzen Abend allein zu sein, und ging, nach manchem Wanken und Schwanken, nicht hin.

Diese Furcht bestand aus mehreren Elementen. Einmal schien mir in dem ganzen Bereich meines Wissens nichts was würdig gewesen wäre, Goethen gegenüber vorgebracht zu werden. Dann habe ich meine eigenen Arbeiten erst später im Vergleich mit den Zeitgenossen schätzen gelernt, im Abstande von dem Frühergewesenen, namentlich hier in der Vaterstadt der deutschen Poesie, kamen sie mir höchst roh und unbedeutend vor. Endlich habe ich schon gesagt, daß ich Wien mit dem Gefühle eines gänzlichen Versiegens meines poetischen Talentes verlassen hatte, welches Gefühl sich in Weimar bis zur eigentlichen Niedergedrücktheit vermehrte. Goethen aber Klagelieder vorzusingen und von ihm durch nichts verbürgte Tröstungen entgegenzunehmen, schien mir doch gar zu erbärmlich.

In diesem Unsinn war übrigens doch auch ein Körnchen Sinn. Goethes damalige Abneigung gegen alles Heftige und Gewaltsame war mir bekannt. Nun war ich aber der Meinung, daß Ruhe und Gemessenheit nur demjenigen anstehe, der imstande ist einen so ungeheuren Gehalt hineinzulegen, als Goethe in der Iphigenie und im Tasso getan hat. Zugleich meinte ich, daß jeder die Eigenschaften ins Spiel bringen müsse, in denen er seine Stärke hat. Das waren nun bei mir damals warme Empfindung und starke Phantasie. Die Gründe einer solchen Abweichung von seinen Ansichten ihm selbst gegenüber zu verteidigen, fühlte ich mich, auf meinem damaligen Standpunkte der unbefangenen Anschauung, viel zu schwach; seine Darlegung aber mit einer geheuchelten Billigung oder einem lügenhaften Stillschweigen hinzunehmen, dazu hatte ich vor ihm viel zu viel Ehrfurcht.

Wie nun immer, ich ging nicht hin, und das hat Goethen verstimmt. Mit Recht mochte es ihm auffallen, daß ich die dargebotene Gelegenheit mich über meine Arbeiten und mich selbst aufzuklären, so gleichgültig versäumte. Oder er kam der Wahrheit näher und meinte, daß die Ahnfrau und die Vorliebe für ähnliche, ihm widerliche Ausbrüche bei mir noch nicht erloschen sei. Oder er durchsah meine ganze Stimmung und urteilte, daß Unmännlichkeit des Charakters auch ein bedeutendes Talent zu Grunde richten müsse. Er war von da an viel kälter gegen mich.

Was aber jene Unmännlichkeit betrifft, so gestehe ich, und habe schon gestanden meine Schwäche sooft ich mich einer verworrenen Masse von kleinen Beziehungen, vor allem aber dem Wohlwollen, der Ehrfurcht und der Dankbarkeit gegenüber befinde. Sooft ich mir das Widerstrebende scharf begrenzen konnte, so wie im Ablehnen des Schlechten und im Beharren auf der Überzeugung habe ich früher und später eine Festigkeit bewiesen; die man freilich auch Hartnäckigkeit nennen könnte.

Im allgemeinen aber kann man wohl aussprechen: Nur aus der Verbindung eines Charakters mit einem Talente geht das hervor was man Genie nennt.

An einem dieser Tage wurde ich auch zum Großherzoge beschieden, den ich im sogenannten römischen Hause in all seiner Schlichtheit und Natürlichkeit antraf. Er unterhielt sich über eine Stunde mit mir und meine Schilderung der östreichischen Zustände schien ihn zu interessieren. Nicht er, aber die meisten übrigen ließen einen Wunsch durchblicken, mich für das Weimarer Theater zu gewinnen, ein Wunsch der nicht zugleich der meinige war.

Als ich am vierten Tage meines Aufenthalts von Goethe Abschied nahm war er freundlich aber abgekühlt. Er wunderte sich, daß ich schon so früh Weimar verlasse und fügte hinzu, daß wenn ich später von mir Nachricht geben wolle, es sie sämtlich erfreuen werde. Also »sie« in vielfacher Zahl, nicht ihn. Er ist mir auch in der Folge nicht gerecht geworden, insofern ich mich nämlich denn doch, trotz allem Anstande, für den Besten halte, der nach ihm und Schiller gekommen ist. Daß das alles meine Liebe und Ehrfurcht für ihn nicht vermindert hat, brauche ich wohl nicht zu sagen.

Am Tage meiner Abreise gab mir das sämtliche Weimar einen Abschiedsschmaus, zu dem Goethe auch seinen Sohn hinausgeschickt hatte. Es ging sehr lebhaft her und auf mein Wohl und eine glückliche Reise wurde vehement getrunken.[3]

  Nach dem feucht-fröhlichen Abschied ist Grillparzer ganz gerührt. »Ich war damals eine deutsche Zelebrität«[4], stellt er stolz fest. Die Rückreise ›Seiner Zelebrität‹ wäre allerdings beinahe zu einem Fiasko geworden: Man hatte in Jena die Pferde gewechselt, und auf der Weiterfahrt waren Postillion und Passagier sanft eingenickt. Vor Kahla griff im letzten Moment ein Mann den Pferden mit lautem Geschrei in die Zügel, »die bereits mit den Vorderfüßen auf dem Abhange standen, der hoch und steil in den Fluß hinuntergeht«.[5]

1830
FELIX MENDELSSOHN BARTHOLDY

Jetzt hört Alle, Alle zu. Heut ist Dienstag,
Sonntag kam die Sonne von Weimar,
Goethe, an.

Felix Mendelssohn Bartholdy,
6. November 1821

❧ Der Komponist Felix Mendelssohn Bartholdy, Sohn des Bankiers Abraham Mendelssohn und Enkel des Philosophen Moses Mendelssohn, besucht Goethe in diesem Jahr (1830) zum dritten und letzten Mal.

Er, und seine ältere Schwester Fanny (1805-1847) waren zunächst vom Goethe-Freund Carl Friedrich Zelter ausgebildet worden. Wunderkind Felix, von Schumann als der ›Mozart des 19ten Jahrhundert‹ apostrophiert, hatte Goethe bereits 1821 und 1825 besucht und ein besonders herzliches Verhältnis zu ihm entwickelt; den »Polarstern der Poeten«[1] nennt der begabte Knabe den Dichter.

Goethe erinnert sich im Gespräch mit Zelter daran, daß er vor langer Zeit den siebenjährigen Knaben Mozart in Frankfurt gehört und gesehen hatte, als er selbst etwa vierzehn Jahre alt gewesen war.

»Was aber dein Schüler jetzt schon leistet«, fügt er, bezogen auf Felix, hinzu, »mag sich zum damaligen Mozart verhalten wie die ausgebildete Sprache eines Erwachsenen zu dem Lallen eines Kindes [...] Wer aber kann sagen, wie ein Geist sich in der Folge entwickeln mag?«[2]

Als der junge Musiker Goethe 1830 wieder besucht, spielt er dem Dichter Bach und Beethoven vor; Goethes Einwände, »... an den Beethoven wollte er gar nicht heran«[3], schwinden völlig, und er ist begeistert. Vierzehn Tage behält er den Komponisten bei sich, der ursprünglich nur zwei Tage bleiben wollte.

Dem Freund Zelter teilt Goethe mit, wie wohl ihm der Besuch Mendelssohn Bartholdys getan hat. »Mir war seine Gegenwart besonders wohltätig«, schreibt er, »da ich fand, mein Verhältniß zur Musik sey noch immer dasselbe; ich höre sie mit Vergnügen, Antheil und Nachdenken, liebe mir das Geschichtliche, denn wer versteht irgend eine Erscheinung, wenn er sich von dem Gang des Herankommens (nicht) penetrirt? Dazu war denn die Hauptsache daß Felix auch diesen Stufengang recht löblich ein-

sieht und, glücklicherweise, sein gutes Gedächtniß ihm Muster-
stücke aller Art nach Belieben vorführt. Von der Bachischen
Epoche heran, hat er mir wieder Haydn, Mozart und Gluck
zum Leben gebracht; von den großen neuern Technikern hinrei-
chende Begriffe gegeben, und endlich mich seine eigenen Pro-
ductionen fühlen und über sie nachdenken machen; ist daher
auch mit meinen besten Segnungen geschieden.«[4]

Sechzig Jahre Altersunterschied liegen zwischen den beiden,
trotzdem profitieren sie voneinander, und Goethe genießt die
Lektionen des hochbegabten Musikers, der, ohne jede Anmaßung, immer auch bemüht ist, »Goethes musikalischen Hor-
zont zu erweitern«[5], wohl wissend, daß *er* auf vielen anderen
Gebieten derjenige ist, der profitiert.

Mendelssohn Bartholdy, den Zweitnamen hatte sich die Familie übrigens »zur Unterscheidung von den übrigen Mendelssohn's«[6] zugelegt, war inzwischen 21 Jahre alt. Bei seiner Taufe
hatte Felix zusätzlich die Namen Jakob und Ludwig erhalten;
Taufe, Vornamen und zusätzlicher Nachname, auf Rat des Onkels,
der sich nach der Taufe Jakob Bartholdy nannte, sind auch als
präventive Maßnahme gegen antisemitische Anfeindungen zu
sehen. Seinen letzten Besuch und den Abschied von Goethe beschreibt Felix Mendelssohn Bartholdy in Briefen an die Eltern.

Felix Mendelssohn Bartholdy an seine Eltern

Weimar, 24. Mai 1830
[Goethe] ließ mich zu Tische bitten. Da fand ich ihn denn im
Äußeren unverändert, anfangs aber etwas still und wenig teil-
nehmend; ich glaube, er wollte mal zusehen, wie ich mich wohl
nehmen möchte. Mir war es verdrießlich, und ich dachte, er
wäre jetzt immer so. Da kam zum Glück die Rede auf die
Frauenvereine in Weimar und auf das »Chaos«, eine tolle Zei-

tung, die die Damen unter sich herausgeben und zu deren Mitarbeiter ich mich aufgeschwungen habe. Auf einmal fing der Alte an, lustig zu werden und die beiden Damen [Ottilie von Goethe und Ulrike von Pogwisch] zu necken mit der Wohltätigkeit und dem Geistreichtum und den Subskriptionen und der Krankenpflege, die er ganz besonders zu hassen scheint; forderte mich auf, auch mit loszuziehen, und da ich mir das nicht zweimal sagen ließ, so wurde er erst wieder ganz wie sonst und dann noch freundlicher und vertraulicher, als ich ihn bis jetzt kannte.[7]

Goethe ist so freundlich und liebevoll mit mir, daß ich's gar nicht zu danken, und zu verdienen weiß. Vormittags muß ich ihm ein Stündchen Clavier vorspielen, von allen verschiedenen großen Componisten, nach der Zeitfolge, und muß ihm erzählen, wie sie die Sache weitergebracht hätten; und dazu sitzt er in einer dunklen Ecke, wie ein Jupiter tonans, und blitzt mit den alten Augen. An den Beethoven wollte er gar nicht heran. – Ich sagte ihm aber, ich könne ihm nicht helfen, und spielte ihm nun das erste Stück der C Moll-Symphonie vor. Das berührte ihn ganz seltsam. – Er sagte erste: »das bewegt aber gar nichts; das macht nur Staunen; das ist grandios,« und dann brummte er so weiter, und fing nach langer Zeit wieder an: »das ist sehr groß, ganz toll, man möchte sich fürchten, das Haus fiele ein; und wenn das nun alle die Menschen zusammenspielen!« Und bei Tische, mitten in einem anderen Gespräch, fing er wieder damit an.[8]

Einige Tage nach meinem letzten Briefe aus Weimar wollte ich, wie ich Euch geschrieben hatte, hierher abreisen und sagte das auch an Goethe bei Tisch, der dazu ganz still war. – Nach Tische aber zog er aus der Gesellschaft Ottilie an ein Fenster und sagte ihr: »Du machst, daß er hier bleibt.« Die versuchte denn nun mich zu bereden, ging mit mir in dem Garten auf und ab; ich aber wollte ein fester Mann sein und blieb bei meinem

Entschlusse. Da kam der alte Herr selbst und sagte, das wäre ja nichts mit dem Eilen; er hätte mir noch viel zu erzählen, ich ihm noch viel vorzuspielen, und was ich ihm da vom Zwecke meiner Reise sagte, das sei gar nichts. Weimar sei eigentlich jetzt das Ziel meiner Reise gewesen, und was ich hier entbehrte, das ich an meinen tables d'hôte finden würde, könne er nicht einsehen, ich solle noch viel Gasthäuser zu sehen bekommen. – So ging's weiter, und da mich das rührte, und Ottilie und Ulrike auch noch halfen und mir begreiflich machten, wie der alte Herr niemals die Leute zum Bleiben und nur desto öfter zum Gehen nöthigte, und wie keinem die Zahl der frohen Tage so bestimmt vorgeschrieben sei, daß er ein Paar sicher frohe wegwerfen dürfte, und wie sie mich dann bis Jena begleiten würden: so wollte ich wieder nicht ein fester Mann sein und blieb. Selten in meinem Leben habe ich einen Entschluß so wenig bereut, wie diesen; denn der folgende Tag war der allerschönste, den ich je dort im Hause erlebt habe. Nach einer Spazierfahrt des Morgens fand ich den alten Goethe sehr heiter; er kam in's Erzählen hinein, gerieth von der »Stummen von Portici« auf Walter Scott, von dem auf die hübschen Mädchen in Weimar, von den Mädchen auf die Studenten, auf die »Räuber« und so auf Schiller; und nun sprach er wohl über eine Stunde ununterbrochen heiter fort, [...] und als ich ihm danken wollte, meinte er: »Ist ja nur zufällig, das kommt alles so beiläufig zum Vorschein, hervorgerufen durch Ihre liebe Gegenwart.« Die Worte klangen mir wundersüß: kurz es war eins von den Gesprächen, die man in seinem Leben nicht vergessen kann. Den andern Tag schenkte er mir einen Bogen seines Manuskripts von »Faust« und hatte darunter geschrieben: »Dem lieben jungen Freunde F. M. B., kräftig zartem Beherrscher des Piano's, zur freundlichen Erinnerung froher Maitage 1830. J. W. von Goethe.« und gab mir dann noch drei Empfehlungen hierher mit.[9]

1832
FRÉDÉRIC SORET

❧ Der Naturwissenschaftler, Pädagoge und Numismatiker Soret entstammte einer Hugenottenfamilie, die aus Frankreich geflohen war und sich in Genf niedergelassen hatte. Sorets Vater war von Katharina II. als Email- und Portraitmaler nach St. Petersburg berufen worden, hatte dort geheiratet, und Frédéric Jakob Soret war dort am 13. Mai 1795 zur Welt gekommen. Die Familie kehrte 1800 nach Genf zurück, und Soret erhielt hier seine Schulausbildung. Er studierte später zunächst Theologie, wandte sich dann aber den Naturwissenschaften zu. (Lieblingsfächer: Mineralogie und Geologie) 1819 ging er nach Paris, um seine Studien zu vervollkommnen, und veröffentlichte erste Aufsätze in wissenschaftlichen Zeitschriften.

Alle seine Aussichten auf eine wissenschaftliche Laufbahn wurden durchkreuzt, als die Erbgroßherzogin von Sachsen-Weimar, Maria Paulowna, ihn zum Erzieher ihres Sohnes Karl Alexander auswählte; Soret erhält damit ein Angebot, dem er sich letztlich, auch auf dringenden Rat seiner Familie, nicht entziehen konnte.

Von 1822 bis 1836 wirkt er als Prinzenerzieher in Weimar. In den zehn Jahren von 1822 bis 1832 ist er häufig bei Goethe zu Gast, und Soret wird sehr vertraut mit ihm, wenn er auch Goethes Farbenlehre nicht sonderlich schätzt. Hier nun Aufzeichnungen über Sorets letzten Besuch bei Goethe im Todesjahr 1832 – zufällig, oder auch nicht, sprechen sie über einen Sonnenuntergang beim Betrachten einer schönen Landschaft; groß und majestätisch sei sie, meint Goethe prophetisch, auch wenn sie untergehe.

Donnerstag, 15. März 1832.
Hofrath Vogel, genugsame Relation von seiner gestrigen Aus-
richtung in Jena vortragend. Seine einsichtige und im gemein-
samen Sinne consequente Theilnahme am Geschäft ist höchst
erfreulich. Ihro Kaiserliche Hoheit die Frau Großherzogin und
Demoiselle Mazelet. [Goethe begleitete die Großherzogin die
Treppe hinunter und erkältete sich anscheinend auf diesem
Wege aus seinem überheizten Arbeitszimmer durch den kalten
Flur.]

Freitag, 16. März 1832.
[Letzte Eintragung in Goethes Tagebuch.] Den ganzen Tag
wegen Unwohlseins im Bette zugebracht.

Sorets Erinnerungen

März 1832.
[Aus Sorets »Notice sur Goethe« 1832, S. 169 ff.:]
Wenige Tage vor seiner Erkrankung [Montag, 12. März] war
Goethe mit der Durchsicht seiner gesammelten Zeichnungen
beschäftigt, als Herr Coudray eintrat. »Ich bin dabei, meine
Arbeiten nochmals zu prüfen«, sagte der Greis zu ihm, »um
alles auszusondern, was des Aufhebens nicht wert ist.« Dieser
Absicht widersprach Coudray lebhaft und erhielt nun die Er-
laubnis, die interessante Sammlung nochmals zu durchblättern.
Als er mit besonderm Wohlgefallen bei einer schönen Land-
schaft verweilte, die einen Sonnenuntergang darstellte, rief
Goethe in einer Art prophetischer Ahnung: »Ja, sie ist groß und
majestätisch, auch wenn sie untergeht«*.

---

* Der Ausspruch des griechischen Philosophen Strato »Unterge-
hend sogar ist's immer dieselbige Sonne« scheint ein Lieblings-

Am folgenden Donnerstag [15. März] empfing er noch den Besuch der Großherzogin, die ihn jede Woche mindestens einmal mit ihrer Anwesenheit beehrte, und auf diese Besuche legte er den höchsten Wert. Nie war er so geistreich, so lebhaft, so unerschöpflich in der Unterhaltung; sie war so reich und interessant, daß sie sich über die gewöhnliche Zeit ausdehnte, und wie sehr sie ihn angeregt hatte, zeigte sich noch beim Mittagessen, an dem Herr Meyer teilnahm, der älteste seiner Weimarer Freunde und jetzt Goethes letzter Gast. Am selben Abend zeigte Goethe hin und wieder üble Laune, das waren die ersten Anzeichen seiner verhängnisvollen Krankheit. Am nächsten Morgen waren diese Anzeichen schon so beunruhigend, daß sein Arzt [Dr. Vogel] sich verpflichtet fühlte, ins Schloß Meldung zu erstatten. Mehrere Male wurde der Zustand besser, das gab einige flüchtige Hoffnung; aber die Anfälle nahmen an Schwere zu, und man mußte auf eine nahe Katastrophe gefaßt sein. Das Fieber schien mehr und mehr ein Nervenfieber werden zu wollen; eine Lungenlähmung drohte, und man konnte sich nicht länger verheimlichen, daß die ärztliche Kunst an einem Körper, der durch hohes Alter und frühere schwere Krankheiten nicht mehr widerstandsfähig war, versagen mußte.

Ich will den Leser nicht mit den Einzelheiten über Goethes letzte Stunden aufhalten; er wird darüber alles Nähere finden in einer Schrift des Kanzlers von Müller, zu der ein Augenzeuge, Herr Coudray, seine in jenen Tagen niedergeschriebe-

wort Goethes gewesen zu sein; unterm 2. Mai 1824 findet es sich auch in Eckermanns Gesprächen. Goethe kannte es aus einer Schrift des Grafen Ouvaroff über Nonnus von Pantopolis. Coudrays bekannte Erinnerungen an Goethes letzte Tage geben die obige Unterhaltung vom 12. März in etwas anderer Form.

nen Aufzeichnungen beigesteuert hat*. Ich möchte nur sagen, daß der Kranke mitten in seinen Leiden, und hin und wieder träumend, immer derselbe blieb, und daß er, ähnlich der untergehenden Sonne, durch die Rastlosigkeit seines Geistes, die sofortige Rückkehr zu seiner Arbeit und Lektüre in Augenblikken der Besserung, durch glückliche Einfälle und tiefsinnige Worte seine Umgebung immer wieder überraschte. Außer seiner Schwiegertochter, seinen Enkeln und seinem Arzt durfte niemand in sein Zimmer, aber er blieb mit der Außenwelt in steter Verbindung; Dinge, die die Großherzogin besonders interessiert hatten, gingen ihm stets in Kopf herum, er fragte angelegentlichst nach seinen Freunden, bedauerte, daß er sie nicht sehen könne, hörte aber gern, daß sie im Hause seien; von größter Zärtlichkeit war er zu seinen Enkeln und zu Frau von Goethe, deren unermüdliche Sorge die letzten Tage des Greises verschönte; den Namen Ottilie flüsterten seine Lippen, wenn er glaubte, daß sie nicht bei ihm sei. Während der sechs Tage seiner kurzen Krankheit zeigte er sich nie beunruhigt über deren möglichen schlimmen Ausgang oder über die Gefahr, in der er schwebte; nur einmal schien er zu fürchten, daß seine Krankheit in Blutandrang bestehe; in diesem Fall, meinte er, müsse man ihn sofort zur Ader lassen. Wenn er jemals an die Möglichkeit seines Todes dachte – seine Worte zeigten keine Spur von Todesfurcht, und treu seinem Grundsatz war er immer mit etwas beschäftigt, um seinem Denkvermögen keine

* Die von Müller geplante Schrift ist nicht erschienen; für sie war jedenfalls der kürzere der beiden bekannten Berichte Coudrays über »Goethes letzte Lebenstage und Tod« bestimmt. In der Sammlung »Goethes Tod. Dokumente und Berichte der Zeitgenossen« (Leipzig 1907) hat Carl Schüddekopf ihn abgedruckt; die obige Erinnerung aus Sorets »Notice sur Goethe« 1832 (S. 58-60) fehlt aber in diesem Buch.

Das Büstenzimmer: »... mit Plan und Absicht gesammelt.«

Zeit zu lassen, zu erlahmen. Als er schon nicht mehr sprechen konnte, gab seine Hand noch Zeichen des Lebens; seine Stimme war nicht mehr vernehmlich, aber er schrieb in der Luft einige Buchstaben; als dann die Hand langsam auf die Knie niedersank, war das glänzende Gestirn Goethe unter den Horizont dieser Welt versunken ...

Im Augenblick des Todeskampfes war der Großherzog [Karl Friedrich] im Hause und wollte unbedingt zu dem Sterbenden, um ihm ein tröstliches Wort zu sagen. Wenige Augenblicke später sprach Eckermann zu den im Nachbarzimmer versammelten Freunden die letzten Verse des »Faust«:

> Es kann die Spur von meinen Erdetagen
> Nicht in Äonen untergehn!

und im selben Augenblick tat Goethe seinen letzten Seufzer.[1]

EPILOG

Ich sammelte und benutzte alles was mir
vor Augen, vor Ohren, vor die Sinne
kam. Zu meinen Werken haben Tausen-
de von Einzelwesen das ihrige beigetra-
gen, Toren und Weise, geistreiche Leute
und Dummköpfe, Kinder, Männer und
Greise, sie alle kamen und brachten mir
ihre Gedanken, ihr Können, Ihre Erfahrungen, ihr Leben und ihr Sein; so ern-
tete ich oft, was andere gesäet; mein
Lebenswerk ist das eines Kollektiv-
wesens, und dies Werk trägt
den Namen Goethe.

Goethe zu Soret, 17. Februar 1832

❧ Goethe, ein Kollektivwesen, Shakespeare nicht unähnlich, das sich in aller Unschuld mit Mirabeau, dem ›genialen Sammler‹, vergleicht, ein Geistesriese, der dem Genie völlige Freiheit einräumt: es darf alles benutzen, was ihm vor die allzeit aufnahmebereiten Sinnesorgane kommt.

In diesem Sinne nimmt Goethe bis zuletzt teil am Leben. Seine obigen Aussagen, die er ähnlich bereits gegenüber Eckermann oder auch Kanzler von Müller gemacht hatte, beinhalten folgerichtig aber auch eine Absage an trockene Stubengelehrsamkeit – darüber lacht das Genie, darüber lacht der universell gebildete Dichter und Naturforscher, hält sie für blauen Dunst, wohingegen er sich ein Leben lang bemühte, seine vielfältigen Arbeitsbereiche zu koordinieren, die Ideen zu überprüfen, sein Wissen zu erweitern, Anregungen aufzunehmen und sie für das umfangreiche Werk nutzbar zu machen. So lernt er ständig von seinen Besuchern, seinen Korrespondenten, seinen Gesprächspartnern, erfährt eine Menge, begreift in kurzer Zeit Dinge, die oft Summe langer Überlegungen und langwieriger Prozesse gewesen waren.

Nur ein Kleingeist hätte sich einbilden können, ausschließlich aus einer Quelle zu schöpfen, ängstlich den engen Claim des eigenen Gedankenguts abzustecken, um Ergebnisse eiligst zu katalogisieren und abzustempeln, um nach Erstveröffentlichung voller Stolz und Genugtuung die weitere Entwicklung und Aufnahme des geistigen Kindes zu beobachten.

Ganz anders das Genie. Ein Genie setzt sich über viele Grenzen hinweg, sprengt Be- und Einschränkungen, macht sich andere Ideen verfügbar, eignet sie sich wie selbstverständlich an.

Manchmal ist es dabei so zügellos, so ausschweifend, so leidenschaftlich wie Mirabeau. Spätestens da gerät aber der Vergleich Goethe-Mirabeau an seine Grenzen.

Goethe hat auch eine sehr bürgerliche, eine sehr pedantische und geordnete Vorstellung von seiner Existenz, die er nur gelegentlich durchbricht. Aber wie Mirabeau eignet sich Goethe Gedanken und Erfahrungen an, setzt sie in originärer Weise um und fragt mit der Unschuld des Genies wenig nach der ursprünglichen Herkunft, wenn sie einmal Teil des eigenen Werkes geworden sind.

Bei Goethe überraschen aber immer wieder die Akribie und die Beharrlichkeit, mit der er ein privilegiertes Leben lang geforscht, gefragt und gesammelt hat. Ein Mitarbeiterstab war dazu unerläßlich. Der Besucherstrom aber, der bis zum Ende nie abriß, war in dieser Hinsicht immer auch Bereicherung, Erneuerung, Anregung, Überprüfung, Erfahrung. Goethe fragte, verglich, überprüfte, bat in seinem umfangreichen Briefwechsel ständig um Ausführungen zu Themen, die ihn interessierten. Stets hat er von seinen Besuchern, von seinen Gästen gelernt; diese, andererseits, gingen keineswegs leer dabei aus. Sie verließen oft genug voller Anregungen und begeistert von neuen Ideen das äußerlich doch so unscheinbare Weimar – beeindruckt oder gar beglückt durch Goethe. Sie hatten ihn gesehen, mit ihm gesprochen, schwärmten von ihm oder nörgelten auch gelegentlich an ihm herum, besonders dann, wenn opportunistische Erwartungen und eitle Hoffnungen nicht erfüllt worden waren.

Alle Besucher aber hatten begriffen, daß sie einem ganz außergewöhnlichen Menschen begegnet waren, einem der Größten unter den Großen – dem einzigartigen Goethe.

ANMERKUNGEN

1788/1789
KARL PHILIPP MORITZ
(1756-1793)

1 Goethe an Charlotte von Stein (13.-16. Dez. 1786), 14. Dez. 1786, WA IV, 8, 101, S. 94 (WA = auch im folgenden: Goethes Werke, herausgegeben im Auftrage der Großherzogin Sophie von Sachsen, Weimar 1887-1919, Reprint München 1987).

2 – (Macco) Alexander M. (1787-1849), Historien- und Porträtmaler
– Brief zit. nach: Karl Philipp Moritz, Werke, herausgegeben von Horst Günther, Zweiter Band, Reisen, Schriften zur Kunst und Mythologie, Frankfurt am Main 1981, S. 891 (Moritz hielt sich fast 2 Monate in Weimar auf).

3 Anekdotenalmanach auf das Jahr 1827, gesammelt und herausgegeben von Karl Müchler, Berlin 1827, S. 314; zit. nach: Hans Joachim Schrimpf, Karl Philipp Moritz, Stuttgart 1980.

1798
JOHANN FRIEDRICH ABEGG
(1765-1840)

1 Johann Friedrich Abegg, Reisetagebuch von 1798, Erstausgabe. Herausgegeben von Walter und Jolanda Abegg in Zusammenarbeit mit Zwi Batscha, Frankfurt am Main 1976.

2 ebda. S. 11.

3 ebda. S. 51.

4 ebda. S. 88.

5 Auszug S. 61 ff.

6 vgl. S. 86.

1803/1804
MADAME DE STAËL
(1766-1817)

1 Jacques Neckers Vater stammte aus Küstrin; der Sohn, in Genf geboren, lebte seit 1750 in Paris, war Gesandter der Republik Genf und wurde ein erfolgreicher Bankier. Seine Entlassung als Finanzminister unter Ludwig XVI., im Revolutionsjahr 1789, war u. a. auch einer der Anlässe des Sturms auf die Bastille.

2 Carmen Kahn-Wallerstein, Geist besiegt die Macht, Das Leben der Germaine de Staël; Bern 1955, S. 15.

3 ebda. S. 21.

4 ebda. S. 24.

5 ebda. S. 46.

6 vgl. Goethe an Schiller, WA IV, 10, S. 311 (6. Oct.) 1795.

7 U. a. verarbeitet sie auch die Revolutionszeit in diesem Roman und plädiert beispielsweise für die Ehescheidung, die gerade durch Napoleon wieder abgeschafft wurde (vgl. auch M. de Staël, Über Deutschland, Hg. Monika Bosse, Frankfurt 1985, Nachwort S. 821).

8 Kahn-Wallerstein, a.a.O., S. 72.

9 ebda. S. 74.

10 Catharina Elisabeth Goethe an ihren Sohn, Frankfurt, 13. Jan. 1804, in ›Briefe an Goethe‹, Bd. 1, München 1982, S. 404.

11 Schiller an Goethe, Weimar, 30. Nov. 1803, Briefe an Goethe, Bd. 1, München 1982, S. 396.

12 a.a.O., Schiller an Goethe, 21. Dez. 1803; S. 402.

13 Goethe an Schiller, Jena, 13. Dez. 1803, WA IV, 16, S. 376 f.

14 Goethe, Tag- und Jahreshefte (1804), WA I, 35, S. 168 ff.

15 ebda., S. 171.

16 ebda., S. 172.

17 ebda., S. 172.

18 Goethe in vertraulichen Briefen seiner Zeitgenossen, Hrsg. W. Bode, Bd. II, Berlin und Weimar 1982, S. 265 f.

19 vgl. Werner Völker, Der Sohn August von Goethe, Frankfurt, 1992 (1993), S. 298.

20 Goethe, Tag- und Jahreshefte (1804), WA I, 35, S. 173.

21 Schiller an Körner, 20. Febr. 1804, in: Schillers Briefe, Bd. 2, Berlin und Weimar 1982, S. 355.

22 Kahn-Wallerstein, a.a.O., S. 97.

23 Sie ist beeindruckt von Schlegel: »Schlegel ist so unglaublich gewissenhaft, daß er meinen Kindern sein ganzes Leben widmen würde, wenn er sich ihrer einmal angenommen hätte.« August Wilhelm Schlegel bleibt 13 Jahre lang. Es wird oft spekuliert, er sei auch (einer) der Liebhaber M. de Staëls gewesen; nach allem, was wir wissen, war er das wohl nicht. Ich teile allerdings die Auffassung, daß Germaine de Staël sich bei Mitarbeitern etwa so verhielt wie Goethe: Sie nutzte Begabungen, die sie fand, bedenkenlos für ihre Zwecke aus (vgl. Kahn-Wallerstein, a.a.O. S. 107 und M. de Staël an Goethe, Berlin, 7. April 1804, in: Briefe an Goethe, Bd. 1, S. 409 f.). Doch geht es wohl ein wenig zu weit, ihr Werk ›Über Deutschland‹ als August Wilhelm Schlegels »bedeutendstes Werk« zu bezeichnen, »auch wenn er selbst keine Zeile davon geschrieben hat . . .« (Werner Ross, Deutsche Brüder, Berlin 1994, S. 124). Allerdings sollte Schlegels Einfluß auch nicht unterschätzt werden; sie weiß selbst, daß er als einfacher Hauslehrer eigentlich viel zu bedeutend ist. Im Gegensatz zu Goethe als Arbeitgeber Eckermanns bezahlt sie aber ihren Mitarbeiter gut: 12 000 Livres Jahresgehalt, außerdem stellt sie eine Pension in Aussicht.

24 Kahn-Wallerstein, a.a.O., S. 103 (Die Nachricht von der ›Krankheit‹ ihres Vaters erhält sie erst am 18. April bei der Prinzessin Radziwill; man hat zunächst nicht den Mut, ihr die Wahrheit zu sagen.)

1807

BETTINE BRENTANO
(SEIT 1811 VERH. VON ARNIM)
(1785-1859)

1 Goethe, Dichtung und Wahrheit, WA I, 28, S. 182.

2 K. R. Eissler, Goethe, Eine psychoanalytische Studie, 1775-1786, Band I u. II, München 1987.

3 Goethe, Dichtung und Wahrheit, WA I, 28, S. 177. Goethe ist ganz fasziniert von den Aussichten: »Jedes Fenster, nach allen Seiten hin machte den Rahmen zu einem natürlichen Bilde, das durch den Glanz einer milden Sonne sehr lebhaft hervortrat; ich glaubte nie so heitere Morgen und so herrliche Abende gesehn zu haben.«

4 Zit. nach: Klaus Günzel, Die Brentanos, Eine deutsche Familiengeschichte, Zürich 1993, S. 62 (Ein sehr bemerkenswertes Buch, das einen guten Überblick über die Genealogie der weitverzweigten Familie Brentano gibt. Elisabeth (Bettine) Catharina Ludovica Magdalena war das dreizehnte Kind des Kaufmanns Peter Anton Brentano (1735-1797), sie kam am 4. April 1785 in Frankfurt zur Welt. Bettine war das siebente Kind aus der zweiten Ehe Brentanos mit Maximiliane von La Roche. Der Vater hatte mit drei Frauen zwanzig Kinder.)

5 Goethe an Sophie von La Roche, Frankfurt, 21. Jan. 1774, WA IV, S. 140.

6 Günzel, a.a.O., S. 135.

7 Gertrud Mander, Bettina von Arnim, Berlin 1982, S. 44.

8 Günzel, a.a.O., S. 128.

9 Bettina reiste zusammen mit Schwester Lulu und Schwager Jordis; wegen der französischen Besatzung trug sie Männerkleidung.

1811
SULPIZ BOISSERÉE
(1783-1834)

1 Sulpiz Boisserée, Tagebücher I, 1808-1823, Hg. Hans-J. Weitz, Darmstadt 1978, S. 3.

2 ebda. S. 3.

3 Reinhard an Sulpiz Boisserée, Brief vom 28. Mai 1810, aus: Sulpiz Boisserée, Briefwechsel/Tagebücher, Walther Killy, Hg., Göttingen 1970.

4 ebda. S. 7.

5 Auszüge aus: S. B., Briefwechsel/Tagebücher, Hg. Walther Killy,

Göttingen 1970 (Faksimiledruck nach der ersten Auflage von 1862)
S. 111 ff.

1816
CHARLOTTE KESTNER, GEB. BUFF
(1753-1828)

1 Goethe in vertraulichen Briefen seiner Zeitgenossen, Hg. Wilhelm
  Bode, Bd. II, 1794-1816, Berlin und Weimar 1982, S. 661 – vgl. auch
  Goethe-Jahrbuch, Bd. XIV, Hg. Ludwig Geiger, Frankfurt 1893,
  S. 285 f.

2 Richard Friedenthal, Goethe, Sein Leben und seine Zeit, München
  1963, S. 117.

3 Goethe, Die Leiden des jungen Werthers, Brief vom 16. Juni.

4 ebda. Brief vom 16. Juni

5 vgl. Klaus R. Scherpe, Werther und Wertherwirkung, Wiesbaden
  1980, S. 31: »Die Verführung zum Selbstmord ließ sich zwar nur
  durch wenige Fälle beweisen, doch wurden diese eifrig ausgemalt,
  um das Schreckbild der Werthergefahr zu beschwören.« Vgl. auch
  seine Anmerkung 26. Goethe selbst verweist auf den Tod der Christiane von Laßberg, die am 16. Januar 1778, seinen ›Werther‹ zu sich
  gesteckt und in der Ilm den Tod gesucht hatte (Brief an Ch. von
  Stein, 19. Januar 1778).

6 Goethe in vertraulichen Briefen, Bd. II, Charlotte von Stein an
  Knebel, 9. Okt. 1816, S. 663.

7 Eckermann, Gespräche mit Goethe in den letzten Jahren seines
  Lebens, Hg. Fritz Bergemann, Frankfurt 1981, S. 506.

8 ebda., S. 506.

9 Thomas Mann, Lotte in Weimar, Frankfurt 1959, S. 260.

10 Auszüge sämtlich aus: Goethe in vertraulichen Briefen, Bd. II,
   S. 659 ff. (leicht korrigierte Orthographie).

1821
CARL GUSTAV CARUS
(1789-1869)

1 Carl Gustav Carus, Lebenserinnerungen und Denkwürdigkeiten; nach der zweibändigen Originalausgabe von 1865/66 neu herausgegeben von Elmar Jansen (2 Bände), Weimar 1966.
2 ebda. Bd. I, S. 285.
3 vgl. Bd. I., S. 524.
4 Auszug Bd. I, S. 278 ff.
5 vgl. Bd. I., S. 520 f.

1823
JOHANN PETER ECKERMANN
(1792-1854)

1 Heinrich Hubert Houben, J. P. Eckermann – sein Leben für Goethe, Teil 1, Leipzig 1925 (Nachdruck Hildesheim 1975), S. 125.
2 a.a.O., S. 128.
3 ebda., S. 141.
4 Briefe an Goethe, Bd. 2, Hg. Karl Robert Mandelkow, Hamburg 1969, S. 350 ff.
5 Eckermann, Gespräche mit Goethe in den letzten Jahren seines Lebens, Hg. Fritz Bergemann, Frankfurt 1981, S. 47; ebenso die dokumentierten Texte vom 2. Okt., 14. Okt. und 19. Okt. 1823 (S. 46 ff.).

1824
HEINRICH HEINE
(1797-1856)

1 Wolfgang Hädecke, Heinrich Heine, Eine Biographie, München 1985, S. 544.

2 Heine an Christiani (Rudolf C., Jurist und Kommunalpolitiker in Lüneburg), zit. nach: Wilhelm Bode, (Hg.), Goethe in vertraulichen Briefen seiner Zeitgenossen, Bd. 3, Berlin u. Weimar 1982.

3 Heine an Goethe, Weimar, 1. Oktober 1824, aus: Goethe-Jahrbuch V, Band 1884, hg. von Ludwig Geiger, Frankfurt 1884.

4 Heine an Christiani, aus: Heinrich Heine, Bd. 20, Briefe 1815-1831, Bearbeiter Fritz H. Eisner, Berlin u. Paris 1970, S. 199 f. (Brief vom 26. Mai 1825).

5 ebda. S. 205, Brief an Moses Moser vom 1. Juli 1825.

1826
FRANZ GRILLPARZER
(1791-1872)

1 Franz Grillparzer, Sämtliche Werke, Ausgewählte Briefe, Gespräche, Berichte, Vierter Band, München 1965, S. 143.

2 ebda. S. 143.

3 Auszug (gekürzt) S. 143 ff.

4 ebda. S. 150.

5 ebda. S. 150.

1830
FELIX MENDELSSOHN BARTHOLDY
(1809-1847)

1 Arnd Richter, Mendelssohn, Biographie, Mainz 1994, S. 99.

2 J. Ch. Lobe, Ein Quartett bei Goethe 1867, zit. nach Christoph Michel (Hg.), Goethe, Sein Leben in Bildern und Texten, Frankfurt 1982, S. 340.

3 Arnd Richter, S. 105.

4 Goethe an Zelter, Weimar, 3. Juni 1830, Weimarer Ausgabe, IV, 47, 140, S. 86.

5 Arnd Richter, S. 105.

6 Arnd Richter, S. 52 ff. (Die Taufe)

7 F. M. B. an seine Eltern, 24. Mai 1830; zit. nach: Goethe in vertraulichen Briefen seiner Zeitgenossen, Hg. W. Bode, 1817-1832, Bd. 3,
   S. 306.
8 Arnd Richter, S. 105 f.
9 Arnd Richter, S. 108 f.

1832
FRÉDÉRIC SORET
(1795-1865)

1 Frédéric Soret, Zehn Jahre bei Goethe, Erinnerungen an Weimars
   klassische Zeit 1822-1832, Hrsg. H. H. Houben, Leipzig 1929,
   S. 641 ff.

BILDNACHWEIS

Heinrich-Heine-Institut, Düsseldorf: 127.
Insel Verlag Frankfurt am Main und Leipzig: S. 15, 21, 29, 75, 107, 133, 145, 151.
Jürgen M. Pietsch, Spröda: Umschlagabbildung, S. 4, 18, 26, 40/41, 67, 86/87, 122, 138/139, 157. Der Abdruck erfolgt mit freundlicher Genehmigung der Stiftung Weimarer Klassik.
Stiftung Weimarer Klassik, Weimar: 55, 97, 107, 117.

Anthologien
im insel taschenbuch

Alle Jahre wieder. Ein Weihnachtsbuch mit Geschichten, Liedern und Bildern. Ausgewählt von Gottfried Natalis. it 1362

Alt-Prager Geschichten. Gesammelt von Peter Demetz. Mit Illustrationen von Hugo Steiner-Prag. it 613

Alt-Wiener Geschichten. Gesammelt von Joseph Peter Strelka. Mit sechs farbigen Abbildungen. it 784

Bäume. Das Insel-Buch der Bäume. Gedichte und Prosa. Ausgewählt und herausgegeben von Gottfried Honnefelder. Mit sechzehn Farbtafeln. it 1041

Briefe berühmter Frauen. Von Liselotte von der Pfalz bis Rosa Luxemburg. Herausgegeben von Claudia Schmölders. it 1505

Das Buch der Liebe. Gedichte und Lieder, ausgewählt von Elisabeth Borchers. it 82

Einsamkeiten. Ein Lesebuch. Herausgegeben von Ilma Rakusa. it 1691

Das Frühlingsbuch. Gedichte und Prosa. Herausgegeben von Hans Bender und Nikolaus Wolters. it 914

Gedichte berühmter Frauen. Von Hildegard von Bingen bis Ingeborg Bachmann. Herausgegeben von Elisabeth Borchers. it 1790

Geschichten aus dem alten Prag. Sippurim. Herausgegeben, mit Anmerkungen und mit einem Nachwort versehen von Peter Demetz. it 1519

Geschichten vom Sport. Gesammelt und in Form gebracht von Bernd Goldmann und Bernhard Schwank. it 1535

Glück. Erkundigungen, eingeholt von Gottfried Honnefelder. it 1459

Das Herbstbuch. Gedichte und Prosa. Herausgegeben von Hans Bender. it 657

Ich wollt in Liedern oft Dich preisen. Gedichte an den Lebensgefährten. Herausgegeben von Cordula Gerhard. it 1552

Das Katzenbuch. Von Katzen und ihren Freunden. Geschichten, Gedichte, Bilder. Gesammelt von Hans Bender und Hans Georg Schwark. it 567

Kurz vor Mitternacht. Sechs Variationen über ein Thema von Machado de Assis. Herausgegeben von Ray-Güde Mertin. it 1654

Liebe Mutter. Eine Sammlung von Elisabeth Borchers. it 230

Liebe und Eros. Spurensuche für Liebende. Zusammengestellt und mit einem Vorwort versehen von Bernhard Kytzler. it 1613

Liebe und Tod in Wien. Geschichten aus einer Stadt. Herausgegeben von Jean Gyory. it 815

»Matrosen sind der Liebe Schwingen«. Homosexuelle Poesie von der Antike bis zur Gegenwart. Herausgegeben von Joachim Campe. it 1599